Arno Specht
Uwe Schimunek

Geisterstätten Sachsen-Anhalt

Vergessene Orte

Mit Fotos von Peter Männig, Adrian Specht und Arno Specht

Jaron Verlag

Die Autoren
Arno Specht: AS
Uwe Schimunek: US

Die Fotografen
Peter Männig: 13, 14/15, 16, 17, 18, 19, 20, 21, 22/23, 24 (2), 25, 26, 41, 42, 43, 44/45, 46, 53, 54, 55, 56/57, 58, 65, 66, 67, 68/69, 70, 77, 78, 79, 80/81, 82, 83, 84/85, 86, 87 (2), 88, 89, 90
Adrian Specht: 9, 27, 28, 30/31, 33, 34/35, 36/37 (o.), 39 (2), 47, 48, 49, 71, 91, 92/93, 94, 96
Arno Specht: 7, 8, 10/11, 12, 29, 32, 37 (u.), 38, 40, 50/51, 52, 59, 60/61, 62, 63, 64, 72, 73, 74/75, 76, 95

Originalausgabe
1. Auflage 2019

www.jaron-verlag.de
Umschlaggestaltung: Bauer+Möhring, Berlin, unter Verwendung von Fotos von Peter Männig (hinten: Schloss Droyßig), Adrian Specht (vorn: Gießerei Mägdesprung, hinten: Hyparschale in Magdeburg) und Arno Specht (hinten: Kristallpalast Magdeburg, Villa Waldpark in Schierke)
Satz und Layout: Prill Partners | producing, Barcelona
Lithografie: Bild1Druck GmbH, Berlin
Druck und Bindung: Westermann Druck Zwickau GmbH, Zwickau

ISBN 978-3-89773-948-2

Inhalt

Vorwort 5

Das Industriedenkmal in der Harzer Einöde
Gießerei Mägdesprung 7

Der Kulturtempel für die Chemiearbeiter
Klubhaus Buna in Schkopau 13

Der Adelspalast mit den gefährlichen Bewohnern
Schloss Droyßig 19

Das gealterte Denkmal der Moderne
Hyparschale in Magdeburg 27

Der kleine Bruder des Palasts der Republik
Klubhaus Halberstadt 33

Der Schandfleck in Blau
Lehrlingswohnheim in Wittenberg 41

Das Milliardengrab am Ufer der Elbe
Bauruine des Kernkraftwerks Stendal 47

Das Relikt aus Zeiten bitterer Umweltsünden
Bahnbetriebswerk Bitterfeld 53

Das Grandhotel für zuverlässige Genossen
Villa Waldpark in Schierke 59

Der große Hersteller für die ganz Kleinen
Kinderwagenfabrik in Zeitz 65

Der Festsaal mit der schummrigen Bar
Kristallpalast Magdeburg 71

Die erste Adresse für Feinschmecker
Schlachthof Halle 77

Das verwunschene Haus der armen Seelen
Altes Krematorium Dessau 83

Die avantgardistische Herberge am Kuhkopf
Ferienheim Fritz Heckert in Gernrode 91

Vorwort

Die Baugeschichte meinte es gut mit Sachsen-Anhalt. Sie hinterließ dem Land idyllische Städtchen im Harz, prachtvolle Dome und als ganz besondere Spezialität auch noch das Bauhaus Dessau. Doch ein reichhaltiges Erbe kann auch zur Sorge werden. Denn ererbte architektonische Schätze wollen auch gepflegt werden. Das kostet Zeit und vor allem Geld. Und manches schöne Erbstück fällt dabei durchs Raster. So finden sich in Sachsen-Anhalt neben vielen Orten, die nach der deutschen Wiedervereinigung Postkartentauglichkeit erlangten, abseits des Wegs auch zahlreiche Gebäude, die den Denkmalpflegern nach wie vor wenig Freude bereiten, weil sie, oft schon vor Jahrzehnten verlassen, vor sich hin rotten.

Einige der vernachlässigten Erbstücke werden in diesem Buch vorgestellt. Da ist zum Beispiel die ehemalige Gießerei in Mägdesprung, ein beeindruckendes Zeugnis der frühen Industriearchitektur. Oder das Ferienheim Fritz Heckert in Gernrode, mit dem sich die junge DDR ein frühes Denkmal setzte und dabei architektonisch an die klassische Moderne anknüpfte. Oder das beeindruckende Klubhaus der Buna-Werke in Schkopau, das beinahe eine Zukunft als Großraumdisco gehabt hätte, nun aber keine Verwendung mehr findet. Oder das alte Krematorium in Dessau, ein Ort mit besonders morbider Ausstrahlung, in dem einst Pionierarbeit in Sachen Feuerbestattung geleistet wurde.

Freilich sind nicht alle hier vorgestellten Gebäude ausgewiesene Kulturdenkmäler. Das Atomkraftwerk Stendal hätte nie einen Platz auf der Denkmalliste gefunden, auch wenn es nicht als Bauruine geendet hätte. Dasselbe gilt für das ehemalige Lehrlingswohnheim in Wittenberg-Piesteritz, das exemplarisch ist für die Bausünden, die in der DDR begangen wurden.

Der vorliegende Band ist der siebente einer im Jaron Verlag erschienenen Reihe, die 2010 mit den »Geisterstätten Berlin« (Neuauflage 2014) ihren Anfang nahm. Es folgten Dresden (2013), Leipzig (2014), Mecklenburg-Vorpommern (2016), Thüringen (2017) und Sachsen (2018). Antrieb dazu gaben die Faszination und die geheimnisvolle Aura, die von leer stehenden, dem Verfall preisgegebenen Gebäuden ausgehen kann. Das Eintauchen in ihre oftmals bewegte Geschichte macht die Besuche zu einem besonderen Erlebnis. Unwillkürlich fragt man sich: Wer lebte oder arbeitete hier? Und warum wurden die Objekte aufgegeben? In den Texten wird daher auch die historische Entwicklung des Ortes oder der Region nachgezeichnet – wie deren Bezüge zur allgemeinen Geschichte, die ja immer auch in abgelegenen Orten ihre Spuren hinterlässt. Hinzu kommt die ästhetische Komponente: Der vielzitierte Charme des Morbiden bringt verlässlich aufregende Fotomotive hervor.

Wie alle Bücher der Serie ist auch dieses ein Gemeinschaftsprojekt. Mein Dank gilt hier vor allem Uwe Schimunek, der bereits für die Bände über Leipzig, Thüringen und Sachsen auf Erkundungstour ging und auch für dieses Buch einen großen Teil der Texte recherchierte und verfasste. Und da die schönsten Beschreibungen ohne stimmige Illustrierung nicht halb so interessant wären, freue ich mich über die Fotos, die Peter Männig und mein Sohn Adrian Specht beisteuerten. Dank geht zudem an Andreas Reißmann in Stellvertretung für alle freundlichen Droyßiger, die uns bei dem Kapitel über das dortige Schloss unterstützt haben.

Wie in jedem Band darf auch hier die übliche Warnung nicht fehlen: Die »Geisterstätten«-Bücher sind keine Reiseführer im herkömmlichen Sinne, denn regulär besichtigen lassen sich die vorgestellten Gebäude nicht. Der Grund liegt auf der Hand: Bauten, die seit vielen Jahren sich selbst überlassen sind, bergen Gefahren für Leben und Gesundheit. Aus diesem Grund gibt es hier auch keine detaillierten Wegbeschreibungen.

Zerfall ist ein Prozess, der mal schneller und mal langsamer voranschreitet und manchmal auch gestoppt wird. Auf den folgenden Seiten sehen Sie daher Momentaufnahmen, die so vielleicht schon bald nicht mehr möglich wären. Ein Buch, das sich mit den Ruinen der Gegenwart befasst, wird schnell von den Entwicklungen überholt. Zumindest bei zwei Objekten dürfte dies mit großer Wahrscheinlichkeit schon im Erscheinungsjahr der Fall sein. Das Klubhaus in Halberstadt soll noch im Jahr 2019 abgerissen werden. Die Bilder in diesem Buch dürften dann zu den letzten Zeugnissen dieses Bauwerks gehören, das noch immer durch seine schlichte Eleganz besticht. Bei der Hyparschale in Magdeburg hingegen, einem herausragenden Beispiel der DDR-Moderne, steht nun endlich eine Sanierung an. Manchmal bekommen eben auch lange vergessene Erbstücke eine neue Chance.

Arno Specht

Das Industriedenkmal in der Harzer Einöde

Gießerei Mägdesprung

Was bewegte die DDR-Bürger im Sommer 1989? Die Flüchtlinge in der Prager Botschaft der Bundesrepublik? Die löchrig gewordene Grenze zwischen Ungarn und Österreich? Oder sogar die Haltung der DDR-Regierung zum Massaker auf dem Pekinger Tian'anmen-Platz? Die »Tribüne«, das Organ des FDGB, wusste Wichtigeres zu berichten: »Brigade ›Neue Technik‹ sichert den Braunkohlefluss«, titelte das Blatt am 11. August 1989. »Forellen frisch in die Läden – Der VEB Binnenfischerei Wermsdorf garantiert's«, lautete eine andere Headline. Das waren klare Signale an alle, die vielleicht gerade eine Ungarnreise ohne Rückfahrticket planten. Ob es auch im Westen immer genug billigen Strom und frischen Fisch geben würde, konnte man schließlich nicht wissen. Jedenfalls nicht als Leser der »Tribüne«.

Repräsentatives Äußeres: Verwaltungsgebäude der alten Gießerei

Stillleben: Arbeitsplatz mit erkenntnisfördernden Fundstücken

Die Zeitung liegt auf einem verstaubten Schreibtisch, umringt von vergilbten Akten und den Accessoires, die dem Klischee zufolge zum Arbeitsplatz einer Führungskraft gehören: einer Kaffeetasse und einer Schnapsflasche. Man könnte fast denken, der einstige Chef habe auf seinem Schreibtisch, bevor der in jahrzehntelangen Dornröschenschlaf versank, alles so drapiert, dass es möglichst lebensecht wirkt. Wahrscheinlicher ist allerdings, dass dieses stimmige Arrangement späteren Besuchern zu verdanken ist, die einen verzweifelten Ex-DDR-Funktionär vor Augen hatten, der sich nach der friedlichen Revolution der Abwicklung seines VEB zu widmen hatte und sich mit Koffein und Alkohol aufputschte, um seine Aufgabe zu meistern. Denn auf der Suche nach einem eingängigen Motiv helfen manche Fotografen gerne etwas nach. Und Fotografen kommen seit ein paar Jahren reichlich in die Industrieruine am Ufer der Selke, die einmal die Gießerei Mägdesprung war.

Schon die Anfahrt ist eine Reise in eine andere Welt. Schmal schlängelt sich die Bundesstraße 185 durch dichten Wald, eine Spur ist wegen eines Erdrutsches gesperrt, eine Gruppe Rehe springt unvermittelt über die Fahrbahn. Schnell fahren kann man hier zum Glück sowieso nicht. Wenn man Wildwechsel und abenteuerliche Kurven unfallfrei gemeistert hat, steht man in einer Ruinenlandschaft. Graue Fassaden, kaputte

Fenster, dazwischen ein paar renovierte Häuser. Sie weisen darauf hin, dass hier noch Leben herrscht – freilich in überschaubarem Ausmaß: 2016 wurden 54 Einwohner gezählt. Die Gaststätte »Kutscherstube« ist Anfang 2018 abgebrannt. Wollte man einen Spielfilm über das Leben in einem abgehängten Ort in der ostdeutschen Provinz drehen – Mägdesprung, ein Ortsteil der Stadt Harzgerode, wäre die passende Location.

Dabei spielte in Mägdesprung die Schwerindustrie einmal eine große Rolle. 1646 ließ Fürst Friedrich von Anhalt-Bernburg-Harzgerode den Quedlinburger Kaufmann Johann Heydtfeld an einer bestehenden Wassermühle eine Eisenhütte errichten. Wasserkraft, Wälder für die Holzkohlegewinnung und ein Eisenerzvorkommen waren vielversprechende Standortfaktoren. Nach einigen Anlaufschwierigkeiten begann man 1754 mit der Eisenverhüttung im großen Stil. Rund um das Dorf entstanden Schmieden, Hammerwerke und eine Drahtzieherei. Das frühe 19. Jahrhundert brachte neue Öfen, Schmieden, eine Formerei und ein Walzwerk. Mittlerweile gehörte Kunstguss zu den Schwerpunkten des Werks. In einem Mägdesprunger Vorgarten erinnert ein gusseiserner Rehbock samt Kitz an jenen erfolgreichen Teil der Produktpalette. 1860 kam mit dem Carlswerk eine Maschinenfabrik dazu. Verglichen mit den Zentren der industriellen Revolution, blieb Mägdesprung aber unbedeutend: Mitte des 19. Jahrhunderts arbeiteten gerade einmal 200 Menschen in der Hütte. 1902 stieg man in die Herstellung von Konsumartikeln wie Gaskochern ein.

Nur unter Gefahr zu begehen: Kontorräume

Das Carlswerk ist heute ein Museum. Der Rest der Anlage zerfällt. Und es sind nicht irgendwelche beliebigen Backsteinbauten aus der Gründerzeit, die hier verrotten, sondern einzigartige Zeugnisse der frühen Industriearchitektur wie eine Sheddachhalle aus Holz und Backstein.

Abgehefteter VEB-Alltag

Die Halle kann sich nur noch mühevoll auf ihren Holzpfeilern halten. Im Verwaltungsgebäude mit seinem barock anmutenden Türmchen hängen die Decken durch, das obere Stockwerk wird nur noch von der Kontorwand aus Holz und Glas getragen, die unter dem tonnenschweren Druck schon bedenkliche Wölbungen zeigt. Vom Direktorenwohnhaus fällt der Putz. Die römische Zahl über dem Portal nennt das Entstehungsjahr: 1828.

Die einst prachtvollen Fassaden dürften schon an Glanz eingebüßt haben, als die Gießerei nach dem Zweiten Weltkrieg zum Volkseigentum wurde. Der Schwerpunkt lag nun ganz bei Haushaltsgeräten, den dazu passenden Namen trug das Werk ab 1972: »VEB Gas- und Heizgerätewerk Mägdesprung«. Im Verwaltungsgebäude sind noch Zeugnisse dieser Zeit zu finden. Wer sich an den schiefen Wänden und morschen Balken vorbeiwagt, findet sich unmittelbar im Firmenarchiv wieder. Akten lagern regalmeterweise im Halbdunkel. Man greift zum nächstbesten Ordner – und taucht ein in den VEB-Alltag. In einem Berichtsbuch (»Nachweis über vertrauliche Dienstsachen«) wird der Erhalt wichtiger Personal- und Kaderakten bestätigt. In einem Ordner mit rostigen Metallbügeln sind hauchdünne Durchschläge maschinengeschriebener Betriebsanleitungen auf Französisch und Englisch abgeheftet. Gaskocher »made in GDR« fanden auch im westlichen Ausland Absatz.

Trotz derlei Erfahrungen mit westlichen Kunden scheiterten die Versuche, mit Mägdesprunger Gaskochern im vereinten Deutschland Fuß zu fassen. Eine kurz nach der Wiedervereinigung gegründete GmbH hatte nur zehn Mitarbeiter und wurde schon bald liquidiert. Zurück blieben unzählige Akten – und eine Schnapsflasche im Chefbüro. *AS*

Vorige Doppelseite: Ein Zeugnis der frühen Industriegeschichte verfällt

Der Kulturtempel für die Chemiearbeiter

Klubhaus Buna in Schkopau

In diesem Saal gastierten sie also: die Stars der Kulturszene aus den sozialistischen Ländern – das weltberühmte Bolschoi-Theater etwa oder das Ensemble der Komischen Oper unter Walter Felsenstein. Der legendäre Arbeitersänger Ernst Busch und die Schauspielerin und Brecht-Muse Helene Weigel kamen wiederholt aus Berlin nach Schkopau, um hier aufzutreten. Bis heute atmet der Raum die einstige Bedeutung. Selbst im dämmrigen Licht strahlt er eine geradezu tempelhafte Würde aus. Beinahe fühlt sich der Besucher verpflichtet, bei seinen Schritten unnötige Geräusche zu vermeiden – so als gelte es, eine Aufführung nicht zu stören.

Namhafte Künstler sind hier in nächster Zeit allerdings nicht zu erwarten. Der Saal ist annähernd besenrein. Von den kahlen Wänden hallt jedes Geräusch zurück. Die Decke besteht aus bloßen Ziegelsteinen und sieht ein bisschen aus wie eine umgekippte Seitenwand. Eine eigentümliche Konstruktion. Jedenfalls war ihr Betreten verboten. »Lebensgefahr!«, warnt eine große Inschrift noch heute die Besucher.

1950er-Jahre-Schick: Schkopauer Kulturhaus

Die ersten Gäste kamen Anfang der 1950er-Jahre ins Klubhaus Buna. Es war die Zeit, da überall an den großen Industriestandorten der DDR repräsentative Kulturhäuser entstanden. So erhielt auch das an der Saale zwischen Halle und Merseburg gelegene Schkopau, in dem die Buna-Werke ihre Heimat hatten, ein »Haus der Freundschaft« für

Betreten der Decke ist verboten !

Betreten der Decke ist
chen verboten!
FPS

die kulturelle Erbauung der Werktätigen. Die Innenausstattung zeigte den opulenten Stil der Zeit. Kernstück war der Theatersaal mit 750 Plätzen. Außerdem enthielt das Haus einen Konzertsaal, eine große Gaststätte und Räumlichkeiten für jedwede Kultur. Rund 100 Räume standen für Kulturinitiativen bereit, die zur Zeit der DDR meist Arbeitsgemeinschaften oder Zirkel hießen. Erklärtes Ziel war es, dass die Arbeiter Interesse für Kultur entwickelten und selbst Kulturschaffende wurden. Selbstverständlich ging es im selbst ernannten Arbeiter- und Bauernstaat stets um die sozialistische Kultur. Angestrebt wurde, wie es seinerzeit so schön hieß, »die Entwicklung sozialistischer Persönlichkeiten« – auch und gerade durch entsprechende Freizeitangebote.

Tatsächlich nahmen ganz erstaunliche Karrieren hier ihren Anfang. So führte der renommierte Maler und Grafiker Uwe Pfeifer im Kindermalzirkel im Klubhaus Buna seine ersten Pinselstriche. Der für seinen realistischen Stil bekannte Künstler, der längst auch im Westen der Republik ausstellt, lebt heute im benachbarten Halle und lehrt seit vielen Jahren an der dortigen Kunsthochschule Burg Giebichenstein.

Mit unklarem Zweck: Öffnung zu Nebenraum

Die Geschichte des Klubhauses ist eng verknüpft mit der der benachbarten Buna-Werke. Die hatten erst 1937 ihren Betrieb aufgenommen. Sie sollten das nationalsozialistische Deutschland unabhängig von Kautschuk-Importen machen. Einen unrühmlichen Eintrag in die Geschichte erhielt das Unternehmen, weil es während des Zweiten Weltkriegs in Auschwitz ein Zweigwerk unterhielt, das Zwangsarbeiter und KZ-Häftlinge beschäftigte. Nach Kriegsende wurden die Buna-Werke enteignet und zunächst in eine Sowjetische Aktiengesellschaft, dann in einen Volkseigenen Be-

Vorige Doppelseite: Künstler sind lange nicht mehr aufgetreten im Theatersaal

Schwungvoll: Ins Klubhaus der Buna-Werke sollte eine Disco einziehen

trieb und später in ein Kombinat umgewandelt, dessen Werbeslogan »Plaste und Elaste aus Schkopau« in der DDR weithin bekannt war.

Die Bühne im Klubhaus ist längst abgebaut, ihr früherer Standort nur noch zu erahnen. Wo die Stars einst auftraten, gähnt inzwischen ein Loch. Auch in den Wänden an der Hinterfront klaffen riesige rechteckige Löcher. Vom Zuschauerraum aus wirkt es, als warteten dort Bars auf durstige Gäste. Vielleicht plante man hier vor einiger Zeit tatsächlich einen Getränkeausschank. Denn bald nach der Wiedervereinigung – Teile der Buna-Werke hatte mittlerweile ein amerikanischer Konzern übernommen – kam das Aus für das Klubhaus. Die letzte Aufführung fand 1998 statt, dann wurde es geschlossen. Nach mehreren Jahren des Leerstands aber schien sich eine neue Perspektive für das ehemalige sozialistische Kulturhaus abzuzeichnen: Ein Investor wollte in dem Haus unter dem Namen »X50« einen Tanztempel entstehen lassen. Wer heute in dem aufgegebenen Gebäude steht, kann sich gut vorstellen, wie Discobesucher mit einem Cocktail in der Hand auf den geschwungenen Beton-

Zurückgelassen: Alte Fensterrahmen

emporen stehen und hinab auf den Dancefloor blicken. Insgesamt sieben Event-Bereiche auf über 13 000 Quadratmetern Nutzfläche waren geplant. Doch die Großraumdisco öffnete nie.

Die vielen Nebenräume liegen heute verwaist im Dunkel. Die Fenster im Untergeschoss sind mit Mauersteinen gesichert, von der Innenausstattung ist nicht mehr viel vorhanden. Irgendwo stehen ein paar alte Fensterrahmen in der Ecke, hier und da sind noch ein paar Reste der Deckenvertäfelung zu finden. In der Nähe des ehemaligen Foyers steht von einem Kabuff noch der hölzerne Rahmen. Doch zumeist gähnt trostlose Leere in den vielen Räumen.

Dabei floriert der Chemiestandort Schkopau inzwischen wieder. Das Hauptgebäude der ehemaligen Buna-Werke ist frisch saniert. Wer aus dem ehemaligen Kulturpalast blickt, sieht den monumentalen Klinkerbau gleich hinter der vielbefahrenen Bundesstraße. Ständig biegen Lastkraftwagen in Richtung Werk ab. Hier herrscht reges Treiben. Kein Wunder, der Industriegigant Dow und eine Reihe von Zulieferfirmen haben für neue Arbeitsplätze gesorgt. Das Klubhaus hätte wohl wieder eine Zielgruppe in der Region. Doch ob der alte Kulturtempel jemals eine neue Verwendung finden wird, ist höchst ungewiss. *US*

Der Adelspalast mit den gefährlichen Bewohnern

Schloss Droyßig

Die letzten Bewohner des Schlosses haben ein dickes Fell: Im Schlossgraben schaut der Besucher durch starkes Sicherheitsglas in den um den Jahrtausendwechsel sanierten Zwinger und sieht dessen Bewohner – zwei Braunbären. Die Tiere trotten durch ihr kleines Reich, ohne einen Blick auf die idyllische Umgebung zu werfen. Auf dem Hügel in der kleinen Gemeinde Droyßig im sachsen-anhaltinischen Burgenlandkreis herrscht ansonsten Stille, denn die menschlichen Bewohner haben das Schloss weitgehend verlassen.

In den Räumen hoch oben auf dem Schlossberg aber finden sich noch

Thront über der Stadt Droyßig: Schloss mit Bärenzwinger

zahllose Spuren der letzten Mieter. Bunte Plakate mit Comicfiguren weisen einen Raum als ehemaliges Kinderzimmer aus. Ein Kachelofen wirkt, als warte er nur auf einen frischen Satz Briketts. In einem ehemaligen Badezimmer leuchtet ein Boiler aus der DDR-Zeit in unschuldigem Weiß. Hier lebten offensichtlich unlängst noch Menschen. Bis in die jüngste Zeit boten große Teile des Schlosses noch Wohnraum für ganz normale Droyßiger. Die einst herrschaftlichen Räume waren für ihre Zwecke zurechtgestutzt worden. So endet etwa eine eingezogene Zwischenwand inmitten eines prächtigen Fenstererkers. In den letzten Jahrzehnten ging es hier weniger um Repräsentativität als um Funktionalität.

Bis 1945 hatte das noch ganz anders ausgesehen. Das Schloss gehörte bis zur Enteignung nach dem Zweiten Weltkrieg einem Adligen namens Heinrich Prinz von Schönburg-Waldenburg. Er war Schlossherr in dritter Generation, denn sein Großvater Fürst Otto Victor hatte die Herrschaft Droyßig 1839 erworben. Dank dem 1863 in Droyßig geborenen Enkel Heinrich ist überliefert, wie das strenge väterliche Regime im späten 19. Jahrhundert aussah. »Bei den Mahlzeiten ging es einfach zu«, memorierte der Adlige über seine Kinderzeit, »so konnte man alltäglich vor der Tafel den Haushofmeister mit einem einzigen Glase Wein, das für die Durchlauchtige Frau Fürstin bestimmt war und vorsorglich auf einem Tablett getragen wurde, über den Schlosshof gehen sehen; die anderen mussten Wasser trinken.«

Kalt: Der Ofen ist aus

Folgt man seinem um 1939 erschienenen Buch »Erinnerungen aus kaiserlicher Zeit«, war es auch ein Erlebnis auf dem Schloss, das Heinrichs Berufsweg bestimmte. »Ich kann mich noch erinnern, dass ich im Jahr 1866 vom Droyßiger Schlossturm aus eine durchreitende Ulanenpatrouille mit wehenden Fähnlein an den Lanzen sah.« Dieser Anblick scheint den jungen Mann derart begeistert zu haben, dass er schnurstracks eine militärische Karriere einschlug. Er brachte

Hochherrschaftliche Pracht: Treppenhaus im Schloss Droyßig

es bis zum Flügeladjutanten des Kaisers. Später wirkte Heinrich von Schönburg-Waldenburg als konservativer Politiker und kehrte nach dem Ersten Weltkrieg nach Droyßig zurück. Die Revolutionszeit überstanden er wie auch sein Anwesen unbeschadet – wohl auch deshalb, weil »schon von der Besitzzeit meines seligen Vaters her keinerlei Konfliktpunkte zwischen Herrschaft und Arbeiterschaft bestanden haben«.

Auch den Zweiten Weltkrieg überdauerte das Schloss ohne Schäden. »Trotz der Nähe zu Leipzig fielen keine Bomben«, schrieb Caroline Gräfin von Wedel, geboren als Prinzessin Reuss, eine Enkelin des damaligen Besitzers. Auch die amerikanischen Truppen, die nach dem Ende des Kriegs in Droyßig einzogen, ließen die Anlage unbehelligt – nicht aber die Sowjets, die ihre Waffenbrüder im Juni 1945 ablösten. Das Schloss wurde geplündert, der Schlossherr wurde zunächst nach Romsdorf verbannt und siedelte dann nach Westfalen über.

Folgende Doppelseite: Die Schlossterrasse lädt noch immer zum Verweilen ein

In der DDR-Zeit für Mieter hergerichtet, heute verwaist: Räume im Schloss

Bald wurden im Schloss Mietwohnungen fürs einfache Volk eingerichtet. So edel die Räume auch waren, eine moderne Ausstattung fehlte ihnen. Geheizt wurde bis zuletzt mit Kohle. In einer Wohnung findet sich allerdings eine Ofenanlage, die für DDR-Verhältnisse vermutlich bereits ein wenig Luxus darstellte: Mit erhitztem Wasser wärmte das gusseiserne Wunderwerk auch die umliegenden Räume mit, gänzlich ohne Pumpen – die Schwerkraftheizung musste nur durch ein Türchen mit den schweren Briketts befüllt werden, dann sorgte ein ausgeklügeltes Tank- und Leitungssystem dafür, dass die gesamte Familie es bald mollig warm hatte.

Die Bewohner erfreuten sich freilich auch noch ganz anderer Annehmlichkeiten: Sie konnten den Schlosshof als Spielplatz und den umliegenden Park für Spaziergänge nutzen – und die herrliche Aussicht genießen. Insbesondere der Turm des Schlosses bietet bis heute einen schönen Blick in das weite Land. Bei gutem Wetter lässt sich gar das Völkerschlachtdenkmal in Leipzig am Horizont ausmachen. Ein Blick hinunter auf Droyßig zeigt schmucke Häuschen mit roten Dächern – ein friedliches Kleinstadtidyll mit sichtlich langer Geschichte.

Tatsächlich wurde dieser Hügel bereits um die Wende vom 12. zum 13. Jahrhundert von Albert von Droyßig bebaut. Die Burg wurde in der Folgezeit immer stärker gesichert, zum Schutz wurde auch ein Burg-

Rechte Seite: Die Flure des Schlosses zeigen noch den Glanz vergangener Tage

Einst ein beliebter Spielplatz für Kinder: Schlosshof

graben rund um den doppelten Mauerring ausgehoben. Als aufgrund der Entwicklung der Feuerwaffen derartige Festungen obsolet wurden, ließ Christian Julius von Hoym die Burg im 17. Jahrhundert zum Schloss umgestalten. Aus dieser Zeit stammt auch das Kavaliershaus neben dem Schloss, in dem sich heute Räume der Gemeindebibliothek und ein beliebtes Restaurant befinden. Im Schloss selbst wird ein prächtiger Raum als Trauzimmer genutzt.

Und auch das architektonisch wohl bedeutendste Bauwerk auf dem Areal könnte bald wieder Besucher empfangen: die Schlosskirche. Derzeit wird sie von der Gemeinde mit Fördergeldern saniert. Das kleine Juwel der Renaissance wurde 1622 erbaut, aber nie fertiggestellt. 400 Jahre später ist geplant, es unter anderem für Kulturveranstaltungen herzurichten. In dem gigantischen, hohen Innenraum soll eine leistungsstarke Heizung installiert werden. Dann werden die Gäste auch im Winter kein dickes Fell brauchen. *US*

Das gealterte Denkmal der Moderne

Hyparschale in Magdeburg

Die Zeit ist ungnädig mit der Moderne. Mit dem Altern in Würde tun sich ihre Gebäude schwer. Den Charme des Morbiden, den wir gern verfallenen Schlössern oder Villen zubilligen, erkennen wir selten, wenn Stahl rostet, Glas blind und Beton porös wird. Auch die Magdeburger Hyparschale wirkt auf den ersten Blick eher schäbig als charmant. Sie ist modern in Form und Material, zugleich aber abgenutzt und verbraucht. Mit etwas Fantasie kann man den Bau am Rande des Stadtparks Rotehorn mit einem gestrandeten Raumschiff vergleichen. Hätte man eine der Episoden von »Star Wars« im deutschen Osten drehen wollen, dann hätte hier eine angemessen trashige Kulisse bereitgestanden.

Trotz ihrer Schäbigkeit – die Hyparschale fasziniert. Neugierige schleichen um die Ruine. Sie versuchen einen Blick durch eines der wenigen Löcher im halb transparenten Glas ins Innere zu werfen. Dabei gibt es dort nichts zu sehen außer einem leeren Raum. Aber was für ein Raum! Denn die unverstellte Leere ist das Besondere dieses Bauwerks: ein Raum, scheinbar endlos, frei von Streben und bedeckt von einer luftig-leichten

Perfekte Symmetrie: Hyperbolische Paraboloidschale in der Landeshauptstadt

Dachkonstruktion. Hier kam eine Bauweise zum Tragen, mit der die DDR auf Augenhöhe mit der architektonischen Avantgarde des Westens war.

Drei Jahrzehnte nach der Wiedervereinigung wird die moderne Architektur der DDR in der kollektiven Wahrnehmung meist auf Bausünden reduziert: auf seelenlose Plattenbausiedlungen, auf Schulen und Verwaltungsgebäude von der Stange, in denen höchstens ein propagandistisch aufgeladenes Wandmosaik für Farbe sorgte. Und diese Zeugnisse der DDR-Moderne reißt man gerne ab, entfernt sie als Spuren des untergegangenen Staates aus dem Stadtbild. Auch in der Architektur obsiegte der Westen.

So wäre fast das Werk des Mannes in Vergessenheit geraten, nach dessen Plänen auch die Hyparschale errichtet wurde. Dabei war Ulrich Müther einer der Stars des Bauwesens in der DDR. Er schuf Markenzeichen für einen Staat, der sich ständig selbst beweisen wollte und das Streben nach dem viel zitierten Weltniveau zum Staatsziel machte. Schon in seiner Diplomarbeit befasste sich der auf Rügen geborene Ingenieur mit einer Konstruktion, die ein ausgeprägtes Verständnis von Physik und höherer Mathematik voraussetzt: der hyperbolischen Paraboloidschale – kurz Hyparschale. Es handelt sich um eine doppelt gekrümm-

Einst famos, heute vermoost: Die Natur erobert den futuristischen Bau

te Fläche, die sowohl Hyperbeln und Parabeln als auch Geraden enthält. Die besondere Form ermöglicht es, dass man trotz der Rundungen mit geraden Schalbrettern arbeiten kann. Dass man große Räume ohne Stützen überspannen kann. Und dass man zwar viel Arbeitszeit, aber nur wenig Material benötigt. Für ein Land, in dem Baustoffe knapp, der Bedarf an üppig dimensionierten Gemeinschaftsräumen groß und die Vollbeschäftigung Programm war, waren das ideale Voraussetzungen.

Doch Müthers Erfolg beschränkte sich nicht auf die DDR, seine Entwürfe wurden auch zum Exportschlager. Denn der Architekt brachte das Kunststück fertig, einen so spröden Werkstoff wie Beton scheinbar mühelos zu einem luftigen Kunstwerk zu falten. So entstanden von ihm geplante Bauten beispielsweise auch in Kuba, Libyen und Kuwait. Der DDR brachte das internationale Wirken ihres Architekten nicht nur Devisen, sondern auch 10 000 Exemplare des VW Golf ein – die erhielt sie dafür, dass Müther das Wolfsburger Planetarium entwarf.

Rostmoderne: Außenhaut der Hyparschale

Über 70 Hyparschalen wurden nach Plänen des renommierten Architekten errichtet. Einige wurden zu Wahrzeichen – wie der »Teepott« in Warnemünde oder das Empfangsgebäude des Berliner Fernsehturms. Andere teilten das Schicksal vieler DDR-Bauten und wurden abgerissen – allen voran die Großgaststätte »Ahornblatt« in Berlin. Wieder andere verrotten – wie die Magdeburger Hyparschale.

Diese wurde 1969 als Mehrzweck- und Messehalle gebaut, nur einen Steinwurf von der Stadthalle entfernt. Auf engstem Raum standen nun zwei Versammlungsstätten, die typisch für fortschrittliches Bauen zur jeweiligen Entstehungszeit waren: hier das Neue Bauen der 1920er-Jahre, dort die kompromisslose Moderne als DDR-Variante des Internationalen Stils. Der Innenraum der Hyparschale wirkt leicht und licht –

er beeindruckt auch noch im Zustand des Verfalls. Man ignoriert den muffigen Gestank und die rankenden Pflanzen, die irgendwie den Weg ins Innere des Baus gefunden haben. Allenfalls stört man sich an dem klobigen Baugerüst, das in der Mitte des 48 mal 48 Meter großen Saals steht – genau dort, wo die vier Schalen des Dachs aufeinandertreffen. Wie schwerelos schwebten diese einst über dem Raum, bis irgendwann Wetter und Wasser der Konstruktion so zusetzten, dass sie diese klobige Krücke erhalten mussten. Tropfen fallen von der Decke, hallen durch den leeren Saal. Von gedämpften Geräuschen aus dem Park abgesehen, herrscht seit 1997 Stille. In diesem Jahr wurde die Hyparschale baupolizeilich geschlossen.

Avantgardistisch: Magdeburger Müther-Bau

Für die Magdeburger blieben nur noch die Erinnerungen an Zeiten, in denen in der Halle der jährliche Weihnachtsbasar stattfand, die Jugendsendung »Rund« gedreht oder beim Faschingsfest der Magdeburger Uni unter der Discokugel getanzt wurde. Auch für den kreativen Nachwuchs gab der mit naturwissenschaftlicher Präzision geplante Bau den passenden Rahmen: Bei der »Messe der Meister von Morgen« zog die DDR ihr Pendant zum westlichen »Jugend forscht« auf.

Solche Erinnerungen verbinden. So nimmt es nicht wunder, dass die Diskussion über die Zukunft der Hyparschale recht leidenschaftlich geführt wurde. Der Stadtrat hatte zwischen ökonomischen Argumenten, die den Abriss nahelegten, und denen der Denkmalpfleger zu entscheiden, die bereits 1998 die Hyparschale auf die Landesdenkmalliste gesetzt hatten. Letztere siegten: Im Sommer 2018 wurde die Sanierung ab 2019 beschlossen. Sofern die Ökonomie die Pläne nicht durchkreuzt, wird damit ein Denkmal der DDR-Moderne zu neuer Würde finden. *AS*

Vorige Doppelseite: Nach Jahren des Leerstands brauchte das Dach eine Krücke

Der kleine Bruder des Palasts der Republik

Klubhaus Halberstadt

Die neue Zeit kam protzig daher. Mit weißem Marmor und mit teakfarben gebeiztem Holz. Mit falschem Fachwerk und aufgeklebtem Stuck. Und mit jeder Menge Wandmalereien, die Urlaubs- und Partystimmung erzeugen sollten. Quadratmeterweise wuchern Bäume, Ranken und natürlich Palmen über die Wände. Denn die Innenausstatter haben alle Register gezogen, um dem Gebäude die dezente Nüchternheit der DDR-Moderne auszutreiben. Fünf Jahre nach der Wiedervereinigung wollte die nämlich niemand mehr sehen, und so wurde das einstige »Klubhaus der Werktätigen« in Halberstadt zeitgemäß aufgefrischt. Ein geometrisches Betonrelief aus der DDR-Zeit wurde allerdings großzügig ins neue Ambiente integriert – in ihrer Unauffälligkeit störte die sozialistische Kunst am Bau offenbar niemanden.

Elegante Form: Klubhaus der Werktätigen

Das Thekenmonster aus Teak und Marmor steht noch heute. Solide ragt es aus einem Meer der Verwüstung. Wenn hier in den letzten Jahren noch Partys gefeiert wurden, dann waren sie illegal. Das Wrack eines Einkaufswagens im Foyer des Erdgeschosses zeugt davon, dass Langeweile und übermäßig genossener Alkohol bisweilen eine unheilvolle Verbindung eingehen. Nur das Betonrelief ist immer noch

Kultureller Mittelpunkt des nördlichen Harzes: Palast der Republik in Klein

unversehrt: Hellgrau wie am ersten Tag hebt es sich vom Klinkermauerwerk ab. Nach den Einrichtungsexperten der 1990er-Jahre überlebte es auch die Vandalen des 21. Jahrhunderts.

Zeit, das Gebäude nach allen Regeln der Kunst zu demolieren, hatten diese reichlich. Seit 2001 steht der Bau in der Halberstädter Spiegelstraße leer. Von außen ist er immer noch beeindruckend. Die verschiedenen Kuben des Baukörpers sind wohlproportioniert, Backsteinelemente und schmale Fenster nehmen dem Bau seine Wuchtigkeit, und als noch keine Spanplatten die Glasfassade im Erdgeschoss verdeckten, muss er licht und einladend gewirkt haben. Bei aller Schlichtheit strahlt er Eleganz aus. Und wenn man ihn länger betrachtet, drängt sich ein prominenter Vergleich auf: Hier im Harz gab es einen kleinen Bruder des Palasts der Republik.

Das große Vorbild in Berlin war gerade zwei Jahre alt, als am 2. Dezember 1978 in Halberstadt das kleinere Pendant eröffnet wurde. Der Name »Klubhaus der Werktätigen« weist auf seine Schöpfer hin: 50 Betriebe aus dem Bezirk hatten es gemeinsam erbaut und sich so einen

Vorige Doppelseite: Das Betonrelief im Klubhaus trotzte den Zeiten

Ort geschaffen, an dem der Zusammenhalt der Werktätigen außerhalb der Arbeitszeit gepflegt wurde. Feste, Kulturveranstaltungen und Tagungen standen auf dem Programm, Veranstaltungen der SED und des FDGB, aber das Haus bot auch eine Bühne für das ganz normale gesellschaftliche Leben. Und da hatte man es – Moderne hin oder her – gern etwas gediegener. Restaurant und Bar waren eher rustikal gehalten, mit Buntglasscheiben und viel Holz. Eine Postkarte aus den frühen 1980er-

Verwüstet: Foyer des Halberstädter Kulturzentrums

Jahren zeigt, dass man sich hier auch abseits offizieller Anlässe gern an Soljanka oder Schnitzel mit Letscho erfreute. »Das Klubhaus war für alle offen«, erinnert sich eine Halberstädterin. »Da haben wir schöne Feste gefeiert – und es war alles so modern.« Die Silvesterfeiern seien immer toll gewesen, auch die Kinderfeste und natürlich die Abende für die Generation, die der Club-Cola gerade entwachsen war. Allerdings sei es hier doch vergleichsweise förmlich zugegangen. Die cooleren Partys feierte man im Halberstadt der DDR-Zeit woanders – im »Auerhahn«, im »Altstadtgarten«, den alle nur »Muhme« nannten, oder bei »Yvetta«.

Eine breite Freitreppe führt auf die Terrasse, auf der man sich, schick gemacht für den besonderen Abend, einst traf. Heute versperrt Gestrüpp den Weg. Zwischen jahrealtem Laub modert Müll vor sich hin. Die Fenster zum Restaurant sind verschraubt – unter anderem mit einer ausgeblichenen Werbetafel, die einen Auftritt des Münchner Schlagersängers Patrick Lindner am 22. Juli 2007 auf der Seebühne in Magdeburg ankündigt. Ins einstige Klubhaus kamen schon zu diesem Zeitpunkt nicht einmal mehr abgehalfterte Gute-Laune-Stars. Aus dem beliebten Treffpunkt war ein Ort der Trostlosigkeit und der Verwahrlosung geworden.

Ramponiert: Garderobe für die Gäste

Dabei sah es nach der Wiedervereinigung zunächst so aus, als könne der kleine Palast den politischen Umbruch überleben. Als Kreiskulturhaus wurde er weitergeführt, und im großen Saal gastierten jetzt Stars, die DDR-Bürger zuvor nur aus dem Westfernsehen kannten. Heidi Kabel trat hier ebenso auf wie Willy Millowitsch, und mit dem Musical »Hair« kam 1991 sogar der Broadway nach Halberstadt. Im Jahr darauf wurde hier ein Jubiläum von bundesweiter Bedeutung began-

Rechte Seite: Das Treppenhaus und der Saal sind großzügig angelegt

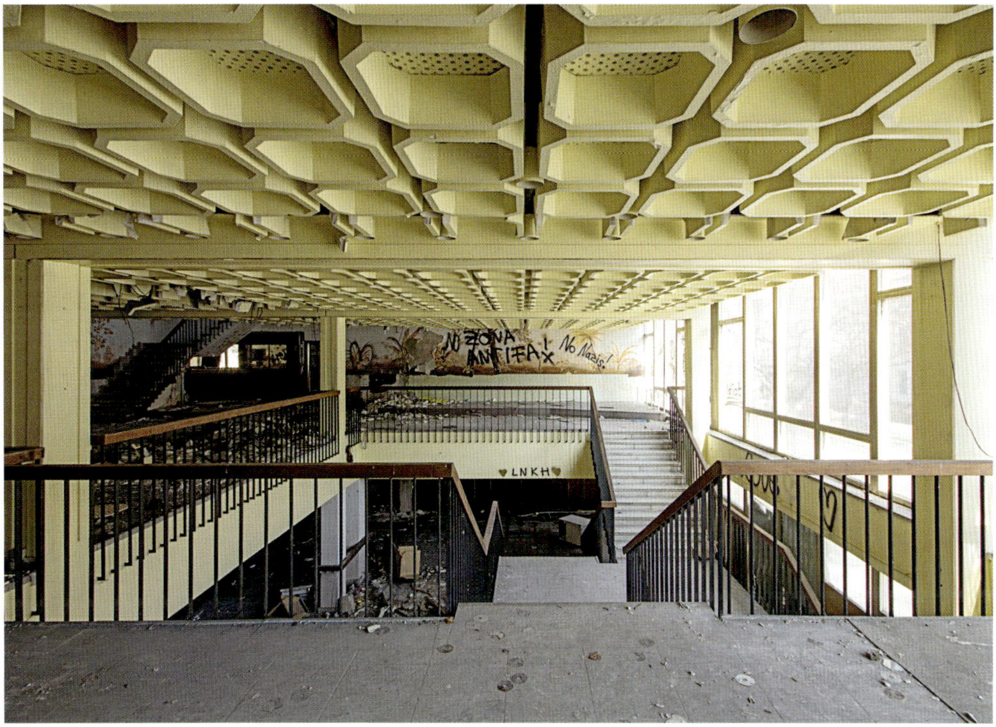
ZONA
ANTIFA!
No Nazis!
LNKH

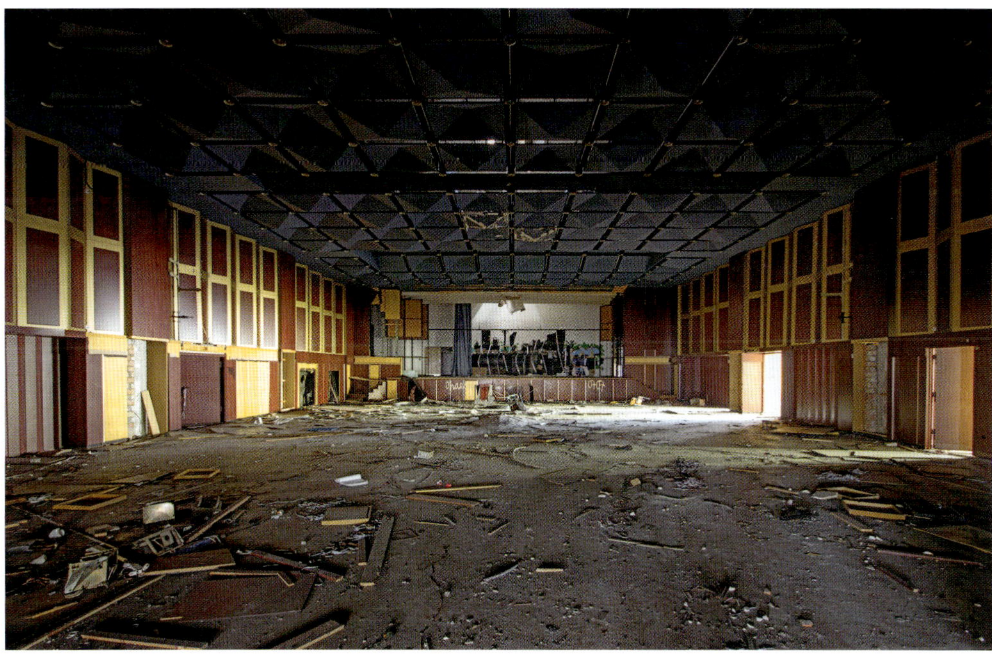

gen: Der DGB feierte mit 500 Gästen im Kreiskulturhaus das 100-jährige Jubiläum seines Vorgängers. Halberstadt war der Geburtsort des Dachverbands der zuvor unabhängig voneinander agierenden Einzelgewerkschaften in Deutschland gewesen: 1892 hatte im Gartenlokal »Odeum« der erste Kongress der »Freien Vereinigung deutscher Gewerkschaften« unter der Leitung von Carl Legien stattgefunden.

Deutlich: Abrechnung mit der Vergangenheit

Die Reminiszenzen an die Historie der Arbeiterbewegung konnten das einstige Klubhaus der Werktätigen nicht retten: 1993 beschloss der Kreistag die Schließung, zwei Jahre später den Verkauf an einen privaten Investor. Die ambitionierten Pläne, aus dem DDR-Bau ein modernes Freizeitzentrum mit Tanzlokal, Eisdiele, Ladengeschäften, Restaurants und Sportstudio zu machen, wurden zumindest teilweise umgesetzt – der aufgehübschte große Saal und die monströse Theke vor dessen Eingang zeigen es. Sechs Jahre später gingen dann aber doch die Lichter aus.

Heute ist der einstige Stolz der Werktätigen eine Problemimmobilie, die Stadt plant ihren Abriss. Eine Online-Petition für die Sanierung des Hauses kam gerade mal auf 149 Unterstützer. Und während das Zeugnis der sozialistischen Vergangenheit vor sich hin rottet, wurden die Gebäude gegenüber liebevoll herausgeputzt: Wohnhäuser aus der Kaiserzeit mit Backstein- und Stuckfassaden. Sie galten in der DDR-Zeit als wenig erhaltenswert. Blickte man früher aus den heruntergewirtschafteten Gründerzeitbauten neidisch auf den kleinen Palast, so bewundert man heute durch die verstaubten Scheiben des zerfallenen Kulturhauses die prächtigen Relikte aus dem vorletzten Jahrhundert. Einer der letzten Besucher hat seinen ganz persönlichen Kommentar zum Wandel der Zeiten auf die schmutzigen Scheiben gesprüht: »Everyone hates Com(m)unism!« *AS*

Der Schandfleck in Blau

Lehrlingswohnheim in Wittenberg

Das Zentrum der Lutherstadt Wittenberg ist ein echtes Schmuckstück geworden. Inmitten der herrlich sanierten Innenstadt zieht die Marienkirche jährlich Zehntausende Touristen an, gilt sie doch als Mutterkirche der Reformation. Auch die Schlosskirche ist ein Besuchermagnet. Insbesondere im Jubiläumsjahr 2017, als 500 Jahre Reformation gefeiert wurden, pilgerten unzählige Menschen zu jener Kirche, an der Luther seine Thesen angeschlagen haben soll. Nur ein paar Autominuten entfernt, im Ortsteil Piesteritz, gibt es ebenfalls einige Sehenswürdigkeiten, etwa den Schmetterlingspark und die Werkssiedlung Piesteritz, eine im frühen 20. Jahrhundert entstandene Gartenstadt, die heute als größte autofreie Siedlung Deutschlands gilt. Dort findet sich allerdings auch der Schandfleck der Stadt: zwei in Blau gehaltene Plattenbauten.

Wer die hässlichen blauen Kästen betritt, kann sich kaum vorstellen,

Architektonische Tristesse: Piesteritzer Plattenbau

In erbärmlichem Zustand: Leere Räume im ehemaligen Lehrlingswohnheim

dass sie vor noch gar nicht langer Zeit funkelnagelneu waren. Sie sind in einem erschütternden Zustand. Die Fensterscheiben sind großteils zerschmettert, und auch viele Wände in den Zweckbauten wurden offenbar von Vandalen zertrümmert. Was die beiden Gebäude in den wenigen Jahrzehnten der Nutzung erlebt haben, zeigt sich dem Besucher nicht mehr.

Einst gehörten die Gebäude zum traditionsreichen Piesteritzer Stickstoffwerk. Der Betrieb wurde im Ersten Weltkrieg als »Reichsstickstoffwerk Piesteritz« gegründet und sollte der »kriegswirtschaftlichen Versorgung der Landwirtschaft mit Düngemitteln« dienen. Insbesondere die nahe Elbe sprach für den Standort: Dem Fluss wurde Kühlwasser für die Karbidöfen entnommen, und er wurde für das Anliefern von Rohstoffen und den Abtransport von Waren genutzt. Bald wurde aus Kalistickstoff zudem Ammoniak und Salpetersäure für die Rüstungsindustrie hergestellt. Auch in der NS-Zeit wurden in Teilen des – mittlerweile privatisierten und stark erweiterten – Werks Kriegsmittel produziert.

Nach 1945 wurden Teile der Anlagen auf Grundlage des Potsdamer Abkommens demontiert, der Rest startete als Sowjetische Aktiengesellschaft neu. Ende 1953 wurde das Werk zum »VEB Stickstoffwerk Piesteritz«, und Anfang der 1970er-Jahre kam es erneut zur Erweiterung der

Anlagen. »Es war eine rege Bautätigkeit, und es entstanden die Ammoniakanlagen, die Harnstoffanlagen und noch einige Betriebsteile«, erinnert sich Wilfried Otto in seinen Büchern über die Ausbildung im Stickstoffwerk. »In diesem Zusammenhang wurden auch zwei große Gebäude errichtet. Die Projektierung und ein großes Lehrlingswohnheim.«

In welcher der beiden Plattenbauten die Verwaltung untergebracht war und in welchem Lehrlinge wohnten, lässt sich in den Gebäuden nicht mehr ausmachen. Heute finden sich hier kaum noch Zeugnisse der Vergangenheit. Ein paar alte Leuchtstoffröhren haben die Vandalen in ihren Fassungen gelassen. Hier und da finden sich auf den Fluren schwere Metallklappen mit der noch gut zu lesenden Aufschrift: »Rauchklappe – Öffnung nur durch Feuerwehr«. Es war aber sicherlich nicht die Feuerwehr, die dafür sorgte, dass sie sämtlich offen stehen. Gefahr droht trotzdem nicht – zu lange schon sind die Schächte nicht mehr in Betrieb.

Durchs Fenster gesehen: Nachbarbau

Vor drei Jahrzehnten hätten die offenen Klappen vermutlich noch zu einer Katastrophe geführt. Denn es herrschte Trubel in den Plattenbauten. Seit Ende der 1970er-Jahre arbeiteten um die 9000 Menschen im Stickstoffwerk, das 1979 Leitbetrieb des neu formierten »VEB Kombinat Agrochemie« wurde. Jährlich wurden im Betrieb selbst um die 300 Lehrlinge ausgebildet, weitere Auszubildende von kleineren Betrieben in der Region absolvierten Teile ihrer Lehre bei den Piesteritzern.

Heute kann der Besucher stundenlang durch eine

Trümmerlandschaft streifen. In einem Raum von der Größe eines Klassenzimmers zeichnet sich an der Front noch eine Tafel ab. War das ein Übungsraum für die Lehrlinge? Oder wurden hier nach dem Zusammenbruch der DDR Arbeitslose auf neue Berufe vorbereitet? Denn das Stickstoffwerk ereilte nach dem Ende des selbst ernannten Arbeiter- und Bauernstaates das Schicksal vieler zuvor erfolgreicher Betriebe: 1990 wurde aus dem VEB die »Stickstoffwerke AG«, viele der veralteten Anlagen wurden abgerissen, die Beschäftigtenzahl sank auf etwa 700. Die beiden blauen Plattenbauten wurden veräußert und beherbergten zeitweise unter anderem das Arbeitsamt.

Es geht abwärts: Treppenhaus

Langfristig aber fanden die Blöcke keine neue Verwendung und verfielen. Seit Langem beschweren sich die Anlieger über den Schandfleck ihres Ortsteils. Aus der örtlichen Zeitung ist zu erfahren, dass die Besitzer der beiden Bauten seit vielen Jahren lediglich noch Sicherungsarbeiten durchführen. Wegen der Asbestbelastung würde nicht nur eine Sanierung sehr teuer, selbst ein Abriss wäre enorm kostenaufwendig.

Nur ein paar Autominuten entfernt haben sich die Stickstoffwerke, inzwischen eine GmbH, zum größten Ammoniak- und Harnstoffproduzenten Deutschlands mit einer Jahresleistung von über vier Millionen Tonnen Industriechemikalien und Spezialitäten der Agrochemie gemausert. Um die Werke wurde ein »Agrochemie-Park« aufgebaut – auf einer Fläche von 220 Hektar arbeiten etwa 1500 Mitarbeiter in über 30 Firmen und leisten einen entscheidenden Beitrag für den Wohlstand in der fein herausgeputzten Lutherstadt Wittenberg, zu der Piesteritz seit 1950 gehört. Überall wird kräftig investiert. Nur die beiden alten Plattenbauten in direkter Nähe des Schmetterlingsparks passen nicht ins Bild. *US*

Vorige Doppelseite: Rost nagt an den Leitungen in den Plattenbauten

Das Milliardengrab am Ufer der Elbe

Bauruine des Kernkraftwerks Stendal

Am 26. April 1986 starb eine Illusion: Die Idee, durch Kernspaltung auf ungefährliche und saubere Weise unendliche Mengen an Energie erzeugen zu können, verglühte in den Ruinen von Tschernobyl. Auch am 9. November 1989 starb eine Utopie: Die Idee eines realsozialistischen Staates ging mit der Berliner Mauer unter. Beide Ereignisse hatten Folgen. Auch in Arneburg bei Stendal. Fünf Jahre nach der Nuklearkatastrophe im ukrainischen Tschernobyl und zwei Jahre nach der friedlichen Revolution in der DDR schlugen sich hier beide Ereignisse mit geballter Wucht nieder. Und seither wirken sie nach, bis heute. Denn um ein Kernkraftwerk zu beseitigen, das nie in Betrieb ging, braucht man bedeutend mehr Zeit als für den Abriss eines baufälligen Wohnhauses.

Aufbau und Abriss – in Arneburg ging beides nahtlos ineinander über. So entstand in einem tristen Industriegebiet irgendwo in der Altmark, zwischen dem Elbufer und der Kreisstadt Stendal, eine der bizarrsten Baustellen Deutschlands. Man könnte sie für das aberwitzige Werk eines Aktionskünstlers halten: Mit gigantischem Aufwand wird ein Objekt

Nie fertiggestellt: Monströses Atomkraftwerk in der Altmark

geschaffen, das wieder zerstört wird, bevor es seinen Zweck erfüllen kann. Es erinnert an den tragischen Künstler Karl Schmidt aus Sven Regeners Roman »Herr Lehmann«, der in monatelanger Arbeit eine Stahlskulptur zusammenschweißt – um sie dann kurz vor der lang ersehnten Vernissage im Drogenrausch zu zertrümmern. Nur geht es hier nicht um einen Berg verrosteter Stahlteile, sondern um eines der ehrgeizigsten und kostspieligsten Industrieprojekte der DDR.

1966 hatte auch in der DDR das Atomzeitalter begonnen. In Rheinsberg ging das erste ostdeutsche Atomkraftwerk ans Netz, sieben Jahre später ein Meiler in Greifswald. Doch der Staat hatte noch weitaus ehrgeizigere Pläne: 20 Kernkraftwerke sollten dereinst das sozialistische Land mit Strom versorgen. Das nächste größere Projekt war Stendal. Vier Reaktorblöcke sollten eine Gesamtleistung von 4000 Megawatt erbringen – in Arneburg wäre das leistungsfähigste Kernkraftwerk auf deutschem Boden entstanden. 1973 fällte der Ministerrat der DDR den entsprechenden Beschluss. Von der Standortwahl waren als Erste die Bewohner des Dörfchens Niedergörne betroffen: Um Platz direkt an der Elbe zu schaffen – dem Fluss sollte das Kühlwasser entnommen werden –, wurden die 120 Einwohner umgesiedelt, das Dorf geschleift, die Kirche gesprengt und die Gräber des Friedhofs umgebettet.

Vorsorge gegen den GAU: Meterdicke Wände

1974 begannen die Vorarbeiten, Bauherr war der eigens dafür gegründete »VEB Kernkraftwerk Stendal«. Der Zeitplan war sportlich: Schon 1981 sollte der erste Reaktor Strom

Komplett erhalten: Werkstattgebäude des Kernkraftwerks Stendal

liefern. Doch mehrfach wurde das Konzept geändert, unter anderem nach dem Unglück im US-Kernkraftwerk Harrisburg, und so begannen 1981 erst die Bauarbeiten für Block A. Auch danach ging es nicht so zügig weiter wie gedacht: Zwar schufteten bis zu 9500 Arbeiter auf der Baustelle, doch auch dieses Renommierprojekt hatte unter DDR-typischen Problemen zu leiden: Engpässe bei der technischen Ausrüstung waren an der Tagesordnung. Als die DDR zu existieren aufhörte, hatte das Kernkraftwerk Stendal noch keine Kilowattstunde Strom erzeugt. Von den vier geplanten Blöcken waren zwei in Bau: Einer war zur Hälfte, der zweite zu drei Vierteln fertiggestellt. Bis zu diesem Zeitpunkt waren, je nach Schätzung, zwischen 3,8 und 5,8 Milliarden Mark investiert worden – eine nicht nur für die chronisch klamme DDR gigantische Bausumme.

Die Baustelle war nun ein Teil der Konkursmasse des untergegangenen Staates – und ein besonders ungeliebter obendrein. Vier Jahre nach Tschernobyl war das Interesse gering, weiter an einem Druckwasserreaktor nach sowjetischer Bauart zu arbeiten, auch wenn das Sicherheitskonzept in Stendal aufwendiger war als bei vergleichbaren sowjetischen Meilern. Die Treuhand nahm das Projekt dennoch erst einmal unter ihre Fittiche. Aus dem »VEB Kernkraftwerk« wurde jetzt die »KKW Stendal GmbH«, und gemeinsam mit westdeutschen Firmen wurde an einem besseren Sicherheitskonzept gearbeitet. Doch der politische Widerstand

Folgende Doppelseite: In der riesigen Halle steht ein kleines Fertighaus

wuchs, und die geschätzten Baukosten explodierten. Westdeutsche Energieversorger winkten ab, in staatlicher Regie wollte die Bundesrepublik auch nicht weiterbauen, und so wurden am 1. März 1991 die Bauarbeiten endgültig eingestellt. Bald darauf begann der Abriss.

17 Jahre lang war in Arneburg gebaut worden. Der Abriss dauert bereits deutlich länger. Wobei zu erwähnen ist, dass das, was Tausende von Menschen errichteten, nur von einer Handvoll Arbeiter zerlegt wird. Nachdem die Kühltürme in den 1990er-Jahren noch mit großem Aufwand gesprengt worden sind, müht sich am Reaktor selber der kleine Abrisstrupp in winzigen Schritten ab, größtenteils per Hand. Betonwände, die einem Super-GAU trotzen sollten, lassen sich nicht so einfach wegbaggern. Wer die armdicken Armierungen sieht, begreift das schnell. Wenigstens kann der Stahl bedenkenlos recycelt werden. Schließlich fand kein einziger Brennstab den Weg nach Arneburg, kein einziges Atom wurde hier gespalten.

Nie genutzt: Zugang zum Reaktorkern

Neben der Kraftwerksruine siedelten sich Betriebe an, die Baustelle selbst aber ist eine apokalyptisch wirkende Szenerie aus Schlamm und Schutt. Ein grauer Berg aus Betontrümmern ragt in den Himmel. Ironischerweise erinnert er an einen gigantischen Grabhügel – als wolle er den Begriff des Milliardengrabs veranschaulichen.

Die Werkstattgebäude sind noch komplett erhalten. In den 22 Meter hohen Hallen nisten Schwalben. Mitten in der Leere steht ein nie zu Ende gebautes Fertighaus – eine Ruine in der Ruine. Was wie ein weiteres bizarres Kunstwerk aussieht, ist der Rest eines anderen gescheiterten Projekts: Nach dem Aus für das Atomkraftwerk wollte ein westdeutsches Unternehmen hier günstige Eigenheime von der Stange bauen. Aber auch aus dieser Vision wurde nichts. Nur ein Musterhaus wurde fertiggestellt. In ihm haben sich die Arbeiter des Abrisstrupps eingenistet. *AS*

Das Relikt aus Zeiten bitterer Umweltsünden

Bahnbetriebswerk Bitterfeld

Gelb-rot-blau leuchtet der Spielzeug-Truck auf dem Gelände des ehemaligen Bahnbetriebswerks Bitterfeld. Das Spielzeug ruht zwischen dem wuchernden Unkraut vor dem verfallenen Klinkerbau wie ein kribbelbuntes Symbol dafür, dass die Eisenbahn sich von diesem Gelände zurückgezogen hat. Ein paar Meter weiter bildet der riesige Lokschuppen das Herz des ehemaligen Bahnbetriebswerks, nur wenig nördlich des Bitterfelder Bahnhofs.

Die Geschichte der hiesigen Bahnanlagen geht bis auf die Anfänge der deutschen Eisenbahn zurück. Bereits 1857 machten die Züge auf der Strecke Trebnitz—Leipzig in Bitterfeld Station, bald auch die zwischen Halle und Berlin, ein wichtiger Knoten entstand. Das war gut für die Region, die sich rasant entwickelte. Nicht zuletzt die reichlich vorhandene Braunkohle sorgte für wirtschaftlichen Aufschwung. Von 1837 bis 1856 entstanden nicht weniger als acht Braunkohletagebaue in der Gegend. In der Folge blühte vor allem die Chemieindustrie auf. 1893 gilt als das Geburtsjahr des Chemiestandorts Bitterfeld: Mit der »Allgemeinen Elektrizitätsgesellschaft« (AEG), der »Chemischen Fabrik Griesheim« und der »Actiengesellschaft für Anilinfabrikation zu Berlin« (AGFA) siedelten sich gleich drei wichtige Unternehmen hier an.

Von der Natur erobert: Bahnbetriebswerk

Mit der Industrie wuchs auch das Bahngelände. Die benachbarten

Werke brauchten nicht nur das Transportmittel Bahn, sondern sorgten auch für dessen moderne Ausstattung. 1895 vermeldete das Bitterfelder Kreisblatt: »Die Beleuchtungsfrage des hiesigen Bahnhofs für die Zukunft, über welche in den letzten Jahren bereits mehrfach Beratungen gepflogen wurden, dürfte gegenwärtig als endgültig erledigt zu erachten sein. Die hiesigen Elektrochemischen Werke, mit welchen sich die Direktion in Verbindung gesetzt, werden die auch für unsere Stadt so wichtige, neue Anlage ausführen.« Bis Mitte des 20. Jahrhunderts wurden immer wieder neue Gleise gelegt und neue Gebäude errichtet. Die Lokomotiven und die Bahnanlagen brauchten Wartung, ergo entstanden nahe dem Bahnhofsgebäude ein Lokschuppen und eine Reihe weiterer Bauten.

Im Jahr 1925 wuchs die Bedeutung Bitterfelds als Industriestandort immens. Acht der größten deutschen Chemieunternehmen fusionierten zur »Interessengemeinschaft Farbenindustrie«, kurz »IG Farben«. Der neu entstandene Konzern, das größte chemische Unternehmen weltweit, verfügte über ein Grundkapital von über einer Milliarde Reichsmark, zählte 78 Betriebe und kontrollierte rund 500 Gesellschaften im In- und Ausland. Die deutsche Produktion wurde in vier Betriebsgemeinschaften gegliedert – und die für Mitteldeutschland hatte ihren Sitz in Bitterfeld. Zu ihr gehörten die Bitterfelder Werke Nord und Süd, die Säurefabrik Bitterfeld, das Molybdänwerk Teutschenthal, das Werk Rheinfelden, das Werk Piesteritz, die Werke Aken, Staßfurt und Schwarzenfeld, später kam auch noch die Farbenfabrik Wolfen hinzu.

Symbol der neuen Zeit: Bunter Truck

Einige der Bahngebäude im Norden des Bahnareals atmen noch den Charme der Industriearchitektur jener Zeit. An einem der Klinkerbauten prangt ein stilisierter Adler, das damalige Wappentier der Deutschen Reichsbahn. Leider haben viele der Gebäude in den letzten Jahren stark gelitten. Die meisten Schienen im Lokschuppen sind längst abgebaut. Nur wenige Details erinnern noch an die alte Bestimmung der riesigen Halle, etwa ein paar Leuchten oder einige wuchtige Hebel an den Metalltoren. Die angegriffenen Wände und Decken werden von einer starken Stahlkonstruktion gehalten. Die wird den Lokschuppen wohl noch geraume Zeit vor dem gänzlichen Verfall bewahren – länger jedenfalls, als so manches Nebengebäude überdauern wird. Von einer der Hallen stehen nur noch die Grundmauern.

Nur die Grundmauern stehen noch: Halle

An der Wand in einem Raum, der einmal eine Werkstatt beherbergt haben könnte, prangen die Reste einer Inschrift: »Der Wert eines Menschen wird bestimmt durch das Ergebnis seiner Arbeit, das er für die Gesellschaft bringt.« Über den Sinn dieser Losung mag sich manch ein Arbeiter den Kopf zerbrochen haben – möglicherweise in der Kantine, die im Nachbargebäude untergebracht war. Der Duktus bezeugt jedenfalls, dass es auch in der DDR-Zeit noch viel zu tun gab im Bitterfelder Bahnbetriebswerk.

Obwohl Bitterfeld unter der Herrschaft der Nationalsozialisten ein Zentrum der Rüstungsindustrie war, blieb das Werk im Weltkrieg von Bombardements weitgehend verschont. Dafür wurden im Zuge deutscher Reparationszahlungen viele Anlagen durch die Sowjets demontiert. Bald

firmierte der verbliebene Rest unter dem Namen »Elektrochemisches Kombinat Bitterfeld«. Dieses erlangte für die DDR-Wirtschaft große Bedeutung, etwa als führender Erzeuger von Grafit, Chlor und Chlorprodukten sowie in der Kunststoffverarbeitung. Ab 1958 investierte der Staat unter dem Motto »Chemie gibt Brot, Wohlstand und Schönheit« erhebliche Mittel, um die chemische Produktion in der DDR zu erhöhen. Und einer der Nutznießer dieses »Chemieprogramms« war Bitterfeld. 1969 entstand der »VEB Chemiekombinat Bitterfeld«, zu dem unter anderem auch Betriebe in Wolfen, Nünchritz und Chemnitz gehörten. In Bitterfeld arbeiteten 18 000 Menschen im Kombinat, in den industriellen Großbetrieben der Region waren es 50 000. Allerdings wurden die Bedingungen immer schlechter: Weitere Investitionen blieben aus, die Anlagen veralteten, die Umwelt litt erheblich. Aus den Schloten von Bitterfeld und Wolfen qualmten 58 000 Tonnen Staub und 120 000 Tonnen Schwefeldioxid – pro Jahr.

Reichsbahn-Charme: BBW Bitterfeld

Die friedliche Revolution machte der extremen Umweltverschmutzung in der Region ein Ende. Leider gingen auch viele Arbeitsplätze verloren. Mit den modernen Betrieben des »Chemieparks Bitterfeld-Wolfen« – beide Städte wurden 2007 zusammengeschlossen – gelang es nach längerer Durststrecke, den Chemiestandort erneut zu stärken. Heute arbeiten hier schon wieder 11 000 Menschen.

Das alte Bahnbetriebswerk wird nicht mehr gebraucht. Es ist ein Relikt aus jenen Zeiten, da noch ohne Rücksicht auf die Umwelt Energie gewonnen und Waren produziert wurden. Es zerfällt zusehends, während in der Nachbarschaft die Grundstoffe zum Beispiel für bunte Spielzeugautos hergestellt werden. *US*

Vorige Doppelseite: An die Funktion des Lokschuppens erinnert kaum noch etwas

Das Grandhotel für zuverlässige Genossen

Villa Waldpark in Schierke

Es ist ein Paradies für Wanderer. Zwischen den Baumkronen blitzen zarte Lichtstrahlen. Ein weicher Moosteppich bedeckt den Boden. Eine Lichtung erstrahlt im hellen Sonnenschein. Der Naturfreund entdeckt geologische Sehenswürdigkeiten mit kuriosen Namen: die Schnarcherklippen etwa oder die Mäuseklippe. Wandert er weiter durch den Wald in Richtung Schierke, steht er unverhofft vor einer verwachsenen Ruine. Eine Tür ist geöffnet. Durchschreitet er sie, setzt sich im Innern das Naturerlebnis auf surreale Weise fort. Hier blitzt das Licht durch zerschlagene Fensterscheiben. Moos bedeckt die morschen Dielen. Und der Speisesaal, in den die grellen Sonnenstrahlen fallen, erinnert an eine Waldlichtung. Das Dach hat schon vor Jahren den Kampf gegen den schneereichen Harzer Winter verloren. Am Giebel trotzt eine Aufschrift dem Zerfall: »FDGB Erholungsheim Hermann Duncker«.

Verwunschen: Einstiges Grandhotel im Harz

Einst schrieben Neonröhren den Namen stolz ins Dunkel der Nacht. Er strahlte in die nächtliche Stille des Harzes, wenn die Gäste des Hauses schon längst in ihren Betten ruhten und im Speisesaal die Tische abgeräumt wurden. Aus einigen der Leuchtbuchstaben sind die Neonröhren herabgefallen. Würde heute überraschend wieder Strom fließen, würde nur eine kryptische Botschaft erstrahlen. Grau verwittert sind die Holzbretter unter der Schrift. Doch die Größe des Gebäudes und vor allem seine prächtige Architektur zeigen, dass

Vermoost und verrottet: Gemeinschaftsraum des Ferienheims

hier ein Relikt aus den großen Zeiten von Schierke verrottet: aus dem frühen 20. Jahrhundert. Eine Dachlandschaft aus Giebeln, Türmchen und Wintergärten, aufgesetzt auf einen Sockel aus behauenem Felsstein, bezaubert noch den heutigen Besucher. Hier rottet der Glanz der Belle Époque seinem Ende entgegen.

Chronisten und Reiseschriftsteller liebten schon immer Vergleiche. Sie machten aus Budapest das Paris des Ostens und aus Dresden das Venedig an der Elbe. Aus Schierke, einer kleinen Ortschaft unterhalb des Brockengipfels, die inzwischen nach Wernigerode eingemeindet wurde, machten sie das Sankt Moritz des Nordens. Nach dem Anschluss an die Brockenbahn im Juni 1898 wandelte sich das verschlafene Waldarbeiterdorf binnen weniger Jahre zum mondänen Kurort. In den folgenden Jahren kam mancher illustre Gast in den Mittelgebirgsort mit seinem gesunden Reizklima: Die niederländische Königin Juliana kurte hier ebenso wie der Weltkriegsgeneral und spätere Reichspräsident Paul von Hindenburg. Ein Reiseführer von 1926 beschreibt Schierke gar als »Welt-

Vorige Doppelseite: Der Speisesaal litt unter den schneereichen Wintern

bad mit Hotels und Villen, Läden und Promenaden«. Führende Häuser am Platze waren das Hotel »Fürst zu Stolberg« und die »Villa Waldpark« – von der noch niemand wusste, dass sie mal zum Erholungsheim für Mitglieder des Freien Deutschen Gewerkschaftsbundes werden würde.

1909 wurde das Gebäude am Fuße des Barenbergs als Grandhotel errichtet. Doch wenige Jahre später, im Ersten Weltkrieg, wurde aus der noblen Unterkunft für Erholung suchende Bürger ein Lazarett. Unter dem Namen »Kurhotel Barenberger Hof« wagte man danach einen Neustart als mondänes Hotel, aber wiederum währte die Pracht nicht lange: Schon bald beherbergte das Haus Arbeiter und Angestellte der Deutschen Werke Kiel und Friedrichsort GmbH, die hier für ein paar Wochen die Strapazen der Arbeit auf der Großwerft vergessen sollten. »Erholungsheim Barenberg« stand bis zum Zweiten Weltkrieg auf den Postkarten, die von Schierke aus an die Lieben zu Hause geschickt wurden. Sie zeigen meist Luftaufnahmen des burgartigen Komplexes inmitten dicht bewaldeter Hügel. Auch der Speisesaal war ein beliebtes Motiv: Akkurat eingedeckte Tische mit Decken aus frisch gestärktem Leinen warten auf hungrige Urlauber, die sich dort für einen Spaziergang zur Mäuseklippe oder für die große Brockenwanderung stärken.

Verblasst: Fassade des mondänen Heims

Schlafen, Essen, Wandern, abends dann etwas Zerstreuung in den Gesellschaftsräumen – an diesem Tagesablauf dürfte sich in Schierke auch in der DDR-Zeit nicht viel geändert haben. Doch die Besucherschaft war nun eine andere, und der Name änderte sich natürlich auch. Zunächst firmierte das Haus als »Erholungsheim Einheit«. Doch bald erkannte man den Begriff als missverständlich – man war schließlich nur wenige Kilometer von der deutsch-deutschen Grenze entfernt. Da war der neue Namensgeber unverdächtiger: Hermann Duncker war immerhin erst Mitbegründer des Spartakusbundes, später der KPD und ab 1949 Direktor der Gewerkschaftshochschule »Fritz Heckert« in Bernau bei Berlin. Mehr Linientreue war fast nicht möglich.

Die wurde auch von den Besuchern erwartet. Denn Schierke war nicht irgendein Ferienort, in dem jeder beliebige Werktätige im Arbeiter- und Bauernstaat Ruhe, Sonne, gute Luft und schmackhaftes Essen genießen durfte. Der »Kurort der Werktätigen« (»Neues Deutschland«) lag direkt an der Grenze zur Bundesrepublik, und das machte den Aufenthalt zu einem besonders exklusiven Erlebnis: Nur wer das besondere Vertrauen der Partei genoss, bekam den Passierschein, der zur Sommerfrische am Fuße des Brockens berechtigte.

Erinnert an alte Noblesse: Rundbogenfenster

Beim Blick auf den Brocken blieb es freilich auch, hinauf durfte man nicht. Denn ab 1961 – in Berlin hatte man gerade die Mauer gebaut – war der Brocken Sperrgebiet. Sowjettruppen, NVA und Stasi blickten vom zweithöchsten Berg der DDR aus wachsam in Richtung Westen. Und dabei wollten sie nicht gestört werden. Auch nicht von verdienten Genossen. Schon gar nicht von solchen in Wanderkleidung.

Wer einen Platz im »Hermann Duncker« ergattert hatte, konnte wenigstens den Blick über die Wälder genießen – am besten von den überdachten Balkonen aus, deren Jugendstilfenster an Schierkes mondäne Tage erinnern. Heute ist es lebensgefährlich, diese Terrassen erklimmen zu wollen. Die Treppen und die Böden sind marode. Seit 1990 steht das FDGB-Heim leer. Ein Berliner Investor wollte es noch zum Luxusresort umbauen. Bis heute wird im Internet das künftige »Grand Hotel Barenberger Hof – Resort & Spa« mit 15 Suiten und 55 Superior Komfortzimmern beworben. Doch wer es besichtigen möchte, findet nur die Ruine am Rande eines Wanderwegs. Am besten wandert man zurück zu den Schnarcherklippen. *AS*

Der große Hersteller für die ganz Kleinen

Kinderwagenfabrik in Zeitz

Die Fenster sind zwar verrammelt, doch das herrliche Fabrikgebäude thront an einer Kreuzung in Zeitz, als wolle es aller Welt seine Bedeutung beweisen. Die Jahreszahl 1908 steht an der Fassade – ein Hinweis auf die Blütezeit der Stadt und einer ganzen Industrie. Anfang des 20. Jahrhunderts wurden jährlich Hunderttausende Kinderwagen in Zeitz hergestellt – mehr als sonst wo auf der Welt.

1908, als sie dieses Gebäude bezog, blickte eine der wichtigsten Firmen der Branche bereits auf eine über 50-jährige Geschichte zurück. Im Jahr 1846 hatte der damals 21-jährige Ernst Albert Naether in der Stellmacherei seines Vaters die ganz Kleinen in den Blick genommen. Naether baute damals seine ersten Kinderwagen, denn die fahrbaren Untersätze für Babys kamen just zu jener Zeit groß in Mode. Der geschäftstüchtige junge Mann bot seine Produkte ab 1852 auf der Messe in Leipzig feil. Ein Bildnis zeigt, wie Naether sage und schreibe neun aneinandergebundene Kinderwagen per Hand zieht. War er zu Fuß mit seinen Erzeugnissen auf dem Weg nach Leipzig, wie einige Quellen behaupten? Oder war das Bild, das den Schriftzug des Familienbetriebs im Hintergrund erkennen lässt, nur ein PR-Gag des jungen Unternehmers?

Symbol alter Größe: Fabrikgebäude von 1908

Eines ist sicher: Ernst Albert Naether kam mit seiner handwerklichen Begabung und seinem ausgeprägten Geschäftssinn zur rechten Zeit.

Leer geräumt: Alte Produktionshalle der Zeitzer Kinderwagenfabrik

Schnell wuchs das Geschäft. 1853 meldete Naether ein eigenes Patent an, und um die Produktion ausweiten zu können, schloss er einen Vertrag mit der Haftanstalt, die seinerzeit in der Moritzburg saß. Bis zu 100 Strafgefangene arbeiteten zeitweilig für ihn, außerdem freie Korbmacher aus der Umgebung. 1873 kaufte er Bauland, und im Jahr 1896 hatte sein Betrieb 750 Beschäftigte und bildete das Zentrum der florierenden Zeitzer Kinderwagenindustrie. Mehr als ein Dutzend Betriebe produzierte in der Stadt. Allein 1875 wurden, so besagen die Statistiken, in Zeitz 125 000 Kinderwagen hergestellt.

Von der einstigen Größe zeugt heute nur noch die Hülle eines prächtigen Bauwerks. Die Räume dieses wie auch des benachbarten Gebäudes aus dem Jahr 1909 sind komplett beräumt. Doch einiges erinnert noch daran, mit welcher Liebe zum Detail seinerzeit auch Industriebauten errichtet wurden: die kunstvollen Verzierungen an einem gusseisernen Treppengeländer etwa oder die Fenster mit ihren eleganten Bögen in einer weitläufigen Halle. Insgesamt aber prägen Funktionalität und Strenge den ehemaligen Fabrikbau. Man ahnt, wie schwer die Arbeiter hier für das Glück der Babys schufteten. Eine betriebliche Anordnung aus dem 19. Jahrhundert untermauert dies: Die Arbeitszeit dauerte – mit einer einstündigen Mittagspause – von halb sieben morgens bis halb fünf abends. Samstags war etwas eher Schluss, allerdings mussten die Arbeiter ihre Maschinen und Werkzeuge in der letzten Stunde putzen. Verspätungen wurden mit saftigen Lohnabzügen geahndet.

Allem Arbeitsfleiß zum Trotz erlebte das Unternehmen nach den Jahren des kometenhaften Aufstiegs schwere Zeiten. Nachdem Ernst Albert Naethers Nachkommen die Firma 1911 noch in eine Aktiengesellschaft umgewandelt hatten, ließ der Erste Weltkrieg den Absatz von Kinderwagen dramatisch einbrechen, danach setzten Inflation und Weltwirtschaftskrise dem Unternehmen zu. Während des Zweiten Weltkriegs wurde die Produktion teilweise auf Rüstungsgüter umgestellt. Ein noch härterer Schlag folgte in der unmittelbaren Nachkriegszeit: Der Naether'sche Betrieb wurde enteignet, und viele Maschinen wurden demontiert.

Möglicherweise sah es zu jener Zeit in den Fabrikhallen so ähnlich aus wie heute. Denn in den ehrwürdigen Gebäuden findet sich keine einzige Maschine mehr. Lediglich ein paar Spinde und die Reste von Sanitäreinrichtungen erinnern noch an die vielen Arbeiter, die hier einst Kinderwagen herstellten. Auf einem der Schränke liegt ein vergessener Helm – wie ein trauriges Relikt der letzten und endgültigen Demontage der Produktionsanlagen.

Relikt aus besseren Zeiten: Spind mit Helm

Dabei war das Werk auch in der DDR-Zeit außerordentlich erfolgreich – nach schwierigem Start allerdings. Es wird berichtet, dass Zeitzer Arbeiter einen Kessel aus einem zerbombten Elektrizitätswerk in Berlin sicherten und ihn mit einem Rollwagen nach Zeitz transportierten. Nach und nach kam neuer Schwung in den Betrieb. Ab 1950 firmierte das Unternehmen als »VEB Zeitzer Kinderwagenindustrie«, ab 1958 wurde das Akronym ZEKIWA zu einem weithin bekannten Markenzeichen. Jährlich wurden unter diesem Label bis zu 450000 Kinderwagen und 160000 Puppen-

Übrig geblieben: Zwei Gebäude des Werks

wagen produziert. Die ZEKIWA-Kinderwagen waren nicht nur für Millionen kleine Menschen in der DDR und im Ostblock ein bequemes Vehikel, auch bei den bundesrepublikanischen Warenhäusern von Karstadt, Hertie, Kaufhof oder Horten sowie bekannten Versandhäusern wie Quelle, Otto, Neckermann und Baur waren sie im Sortiment zu finden. Exportiert wurde zudem in viele andere Länder, beispielsweise nach Österreich und Belgien, in die Niederlande, die skandinavischen Länder und die Schweiz. Sogar in Australien und den USA wurden Babys in Zeitzer Wagen spazieren gefahren. Der ZEKIWA-Chef handelte die Verkaufspreise mit vielen Partnern selbst aus und genoss daher das seltene Privileg, mit dem Pkw in den Westen reisen zu dürfen.

Erst nach der friedlichen Revolution endete die grandiose Geschichte der Kinderwagenproduktion in Zeitz. Heute backt ZEKIWA kleinere Brötchen: In einem Gewerbegebiet bei Zeitz entwickelt und vertreibt eine GmbH dieses Namens Kinder- und Puppenwagen, die sie aber im Ausland herstellen lässt.

Während das denkmalgeschützte Hauptgebäude mit Fördermitteln saniert werden soll, wurden viele andere der alten Produktionsgebäude bereits abgerissen. Der herrliche Gründerzeitbau an der Kreuzung aber sieht mit seinen riesigen Fensterflächen aus, als würde er nur darauf warten, dass in ihm Künstlerateliers, Lofts oder Amtsräume eingerichtet werden. *US*

Vorige Doppelseite: Das Treppenhaus im ZEKIWA-Bau ist reich verziert

Der Festsaal mit der schummrigen Bar

Kristallpalast Magdeburg

Der Name war Programm: Er versprach Luxus und Eleganz, Exklusivität und Extravaganz. Ein Etablissement namens Kristallpalast sucht man schließlich nicht jeden Tag auf. Es ist ein Ort für besondere Anlässe – so wie sein großes Vorbild, der legendäre Crystal Palace in London, das Symbol der Weltausstellung 1851. Der war zur Ikone des anbrechenden Industriezeitalters geworden – einer Epoche, die das Streben nach Superlativen zur Maxime erhob.

Der Londoner Crystal Palace brannte 1936 ab. Sein Magdeburger Namensvetter steht noch heute – doch in welchem Zustand! Es drängt sich die Frage auf, ob ein spektakulärer Abgang bisweilen nicht doch besser ist als ein Dahinsiechen in Zeitlupe. Denn am Kristallpalast glänzt nichts mehr. Mondänität, ja selbst Gediegenheit sucht man hier heute

Mit eingestürztem Dach: Einst mondäne Kulturstätte in der Landeshauptstadt

Lässt die frühere Eleganz des Gebäudes noch erahnen: Tresen

vergebens. Außergewöhnlich ist nur noch die Intensität des Verfalls. Das Gebäude zersetzt sich von innen heraus, von seinem Herzen her.

Gedämpftes Licht, plüschige Sitzreihen, schwere Vorhänge – Theatersäle haben ihre ganz eigene Aura. Es sind Orte, in denen das geheimnisvolle Halbdunkel Teil der Inszenierung ist, in denen Räume mit Illusionen spielen, von raffinierten optischen Effekten leben, vom Spiel mit Licht und Schatten. Im Kristallpalast ist nichts von dieser Aura übrig geblieben: Grell fallen die Sonnenstrahlen in die Ruine und tauchen den Verfall in ein gnadenloses Licht, das keinen Platz lässt für Geheimnisse. Modrige Trümmer liegen dort, wo einmal die Stühle standen. Mit dem Einsturz des Dachs verlor der Palast den letzten Rest seiner Würde.

Das Ende hatte sich schon lange abgezeichnet. Bereits in der DDR-Zeit galt der Palast als einsturzgefährdet. 1986 wurde er baupolizeilich geschlossen – sechs Jahre vor dem 100-jährigen Jubiläum. Denn am Pfingstsonntag des Jahres 1892 hatte die Geschichte des Ball- und Konzerthauses an der Leipziger Straße begonnen. Die Adresse, die damals noch vor den Toren der Stadt lag, war bereits etabliert gewesen: Seit 1889 hatte es dort einen Gartenpavillon gegeben, der Ausflügler anlockte.

Bauherr des Palasts war die Kaiserbrauerei A. & W. Allendorff, die bereits den Pavillon betrieben hatte. Der wurde auch in den Palast miteinbezogen, spielte nun aber nur noch eine untergeordnete Rolle. Herzstück des Komplexes wurde der große Saal. Mit über 2700 Plätzen wurde er der wichtigste Versammlungsort Magdeburgs. In den 1920er-Jahren warben die Betreiber sowohl mit Quantität als auch mit Qualität: Das Etablissement bezeichnete sich sowohl als »Größter Konzert- und Ballsaal der Provinz Sachsen« wie auch als »Haus der vornehmen Gesellschaften«.

Bälle, Konzerte, Theater und Varieté, später auch Kino – im »Krystall-Palast«, wie das Haus damals hieß, war immer was los. Auch die Politik hinterließ ihre Spuren. Im Ersten Weltkrieg wurde der Palast zum Lazarett umfunktioniert. Die Nationalsozialisten nutzen ihn ebenfalls für ihre Zwecke: Die NS-Organisation »Kraft durch Freude« versuchte auch hier zu zeigen, dass das Leben in einer Diktatur doch ganz unterhaltsam sein kann – vorausgesetzt, man begnügt sich mit politisch unverfänglicher Unterhaltung unter der Hakenkreuzflagge. Anfang 1940 war Schluss mit lustig. Das Heeresbeschaffungsamt beschlagnahmte den Bau und machte ihn zum Getreidelager. Und noch im selben Jahr wurde aus dem Ort der leichten Muse ein Ort der Menschenverachtung: Über 1400 Fremdarbeiter und Kriegsgefangene wurden hier interniert. Wer dort eingepfercht war, konnte den Prunk der alten Tage nur als Hohn empfinden.

Verwüstet: Nebenraum im Kristallpalast

1950 – die junge DDR war gerade dabei, sich selbst zu finden – kam es zu einer Affäre um den Kristallpalast: 1948 hatte der SPD-Oberbürgermeister Rudolf Eberhard der Eigentümerfamilie Jordan zu einem Kredit verholfen, um den im Krieg beschädigten Kristallpalast wiederaufzubauen. Die SED nahm dies zum Anlass, den ungeliebten Sozialdemokraten als »Versöhnler« und »Reaktionär« zu denunzieren – Eberhard wurde ebenso inhaftiert wie Friedrich Jordan. Im Palast stand währenddessen wieder Varieté auf dem

Spielplan. Das Interesse war geradezu überwältigend: Im Schnitt jeden zweiten Abend war der nun 2000 Personen fassende Saal ausverkauft – nicht zuletzt, weil auch regelmäßig Stars aus dem nichtsozialistischen Ausland wie Lilian Harvey oder Vico Torriani auf der Bühne standen.

In den Pausen suchten die Gäste gern die Bar auf. Während der große Saal in Trümmern liegt, ist diese noch erhalten – ein Überbleibsel glorioser Zeiten inmitten der Verwüstung. Über der staubigen Theke hängen noch die filigranen Lämpchen im Stil der 1950er-Jahre. Dass die Birnen schon lange fehlen und der Rost sich dezent über die Metallschirme legt, nimmt ihnen kaum etwas von ihrer Wirkung. Die schummrige Atmosphäre dürfte noch so sein wie in der Ära Ulbricht. Die Zeit der großen Stars war vorbei, stattdessen wurde hier unter anderem 1962 der VII. Bauernkongress der DDR abgehalten. Später wurde es noch einmal glamourös: Ab 1977 war der Palast die feste Spielstätte des Kabaretts »Die Kugelblitze«. Allerdings war der Bau schon damals marode: Die Satiriker traten in einem Zelt im Saal auf – bis 1986 die Baupolizei kam.

Erinnert an die alten Zeiten: Vorhang

Ein bunter Vorhang zwischen Pfeilern und frei liegenden Ziegelwänden erinnert daran, dass der Trümmerhaufen einmal ein Ort von Kultur und Unterhaltung war. Fast schon trotzig hängt er an einem Drahtseil, als wolle er signalisieren: Man darf nicht aufgeben! So denken auch die Mitglieder des Vereins Kristall-Palast Magdeburg e.V. Sie kämpfen für einen Wiederaufbau. »Eine so einzigartige Veranstaltungsstätte verdient es, wieder in altem Glanz zu erstrahlen«, schreiben sie auf ihrer Website. Vielleicht ist es ein aussichtsloser Kampf. Nicht zu tilgen aber wird aus den Annalen Magdeburgs der glanzvolle Name sein: Kristallpalast. *AS*

Vorige Doppelseite: Die verlassene Bar atmet noch das Flair der 1950er-Jahre

Die erste Adresse für Feinschmecker

Schlachthof Halle

Es gibt Geisterstätten, die übertreiben es geradezu mit ihrer morbiden Atmosphäre. Zu ihnen gehört der alte Schlachthof in Halle an der Saale: Das weitläufige Areal sucht in Sachen Gruselfaktor seinesgleichen. Zwischen den Hallen pfeift der Wind sein Lied des Verfalls, bei jeder Bö knackt es in den Bauten, als würden sie den Besucher gleich unter sich begraben. Welche bösen Geister hier wohl spuken? Die der vielen geschlachteten Tiere? Oder sind es die Gespenster aus der jüngeren Vergangenheit?

Mehrere Großbrände haben in den letzten Jahren Dächer und Mauern zerstört. In einigen Gebäudeteilen klaffen meterlange Löcher, an vielen Ecken sind verkohlte Brandspuren zu sehen. Eines der verheerenden Feuer wütete im August 2018 auf dem Gelände. Die regionalen Medien berichteten von bis zu 70 Feuerwehrleuten, die Stunden brauchten, um

Reste alter Pracht: Vieh- und Schlachthof aus dem 19. Jahrhundert

Platz für Graffiti: Halle in der ehemaligen Fleisch- und Wurstfabrik

das Flammenmeer unter Kontrolle zu bekommen. Ein Problem war, dass herumliegender Müll Feuer gefangen hatte und sich nur schwer löschen ließ. Nach diesem und früheren Bränden gleicht das fast fünf Hektar große Areal einer Trümmerlandschaft.

Eines der wenigen Details, die alle Infernos überdauert haben, ist ironischerweise der Schriftzug »Verhütet Brände, sie gefährden Euren Arbeitsplatz«. Das Fundstück prangt an der Wand einer Halle, in der schon längst kein Fleischer mehr seinem Beruf nachgeht. Dabei wurden vom alten Schlachthofgelände jahrzehntelang die Hallenser mit Wurst und Fleisch versorgt.

Ein Blick zurück. Zur Gründerzeit wuchs die Stadt an der Saale rasant. Allein zwischen 1871 und 1890 verdoppelte sich die Einwohnerzahl von 50000 auf 100000, Halle wurde zur Großstadt, und mit der Bevölkerung wuchs der Nahrungsbedarf. 1891 begann der Architekt Karl Otto Lohausen auf dem Gelände des alten Ritterguts Freiimfelde mit dem Bau des Vieh- und Schlachthofs. 1893 wurden vier massive Markthallen eröffnet. Hier war zunächst Platz für etwa 2000 Stück Vieh – »Großvieh, Kleinvieh, Landschweine und Schweine aus Österreich-Ungarn«, wie es in einer Erklärung des Magistrats zur Eröffnung hieß. Neben den Markthallen gab es gewölbte Stallungen. Jeden Montag und Donnerstag – die

Feiertage ausgenommen – wurde ein Schlachtviehmarkt veranstaltet, auf dem die Hallenser Fleisch und Wurst für die nächsten Tage einkaufen konnten.

Die Errichtung des Vieh- und Schlachthofs wurde übrigens aufgrund einer preußischen Vorschrift von 1868 nötig, die Privatschlachtungen untersagte. Wie in vielen anderen Städten herrschten auch in Halle nach dem schnellen Wachstum unhaltbare hygienische Zustände. Zehntausende Rinder, Schweine und Pferde wurden jährlich geschlachtet, um die Bevölkerung der Großstadt an der Saale zu versorgen. So wurde verordnet, dass Schlachtungen fortan an einem zentralen Ort, nach bestimmten Regeln und unter staatlicher Überwachung durchzuführen seien.

An Schlachttagen arbeiteten bald bis zu 1000 Menschen auf dem Gelände. Später gab der Betrieb noch mehr Leuten Arbeit: als er nach dem Zweiten Weltkrieg verstaatlicht und zum »VEB Schlacht- und Verarbeitungsbetrieb Halle (Saale)« umgewandelt worden war.

Von Bränden gezeichnet: Fabrikgebäude

Heute ist nicht mehr zu erkennen, in welchen Hallen welches Vieh geschlachtet, verwurstet oder feilgeboten wurde. Gut zu sehen sind jedoch die Spuren, die ein späterer Nutzer der Fabrik hinterlassen hat. Wie die lokale Presse berichtet, hat ein Lebenskünstler als eine Art guter Geist auf dem Areal gewirkt. Der Mann soll Sandkästen und Teiche angelegt und Plätze für Graffiti geschaffen haben – über viele Jahre hinweg. Ob die skurrilen Skulpturen, die in der Halle mit dem alten Brandschutz-Schriftzug hängen, auf sein Schaffen zurückgehen?

Eine Figur baumelt im Wind – der Mann aus Draht trägt Jeans und Kapuzenpulli und ist in der Halleneinfahrt an der Decke vertäut. Von Weitem wirkt es, als hätte ein Henker sein grausiges Tagwerk verrichtet. Erst aus der Nähe erkennt man, dass die Figur auf einem Holzbrett ruht.

MS TITANIC

Baufällig: Alte Holztreppe

Nun erinnert sie eher an einen Bauarbeiter, der gerade eine Pause einlegt. Wenige Meter entfernt lungert in luftiger Höhe ein drahtiger Kollege auf einem Sims.

Wer auch immer diese Artefakte hier platziert hat – er konnte sich bei seinen Schöpfungen viel Zeit lassen. Denn der ehemalige Schlachthof ist seit Langem verwaist. Bald nach dem Ende der DDR kam auch das Aus für diesen Betrieb. Den Hallensern stand nach der Währungsunion offenbar der Sinn nach anderem als nach hiesigen Wurst- und Fleischwaren. Die Treuhand veräußerte den Schlachthof 1991, 1350 Arbeitskräfte fanden nur noch für kurze Zeit ein Auskommen, dann wurde der Betrieb geschlossen, und das Gelände wurde zur Brache. Das Areal wurde 1996 versteigert, aber keines der angedachten Projekte kam zustande. Nun steht der traditionsreiche Vieh- und Schlachthof erneut zum Verkauf.

Derzeit lässt sich nur schwer ausmalen, wie hier jemals wieder zivilisiertes Leben einziehen soll. Gestrüpp kämpft sich durch Betonböden. Selbst aus manchen morschen Dächern reckt sich Grün gen Himmel. Und viele der Freiflächen gleichen Müllhalden.

Ob sich nach Jahren der Verwahrlosung wenigstens einige der herrlichen Klinkerbauten rund um den markanten Turm noch retten lassen, weiß nur der Wind. Einstweilen trägt er zu der morbiden Untergangsstimmung bei, die zwischen den historischen Mauern herrscht. *US*

Vorige Doppelseite: In luftiger Höhe wacht eine Drahtfigur über die Ruine

Das verwunschene Haus der armen Seelen

Altes Krematorium Dessau

An diesem Ort begreift man die ursprüngliche Bedeutung des Wortes Totenstille. Wer sich dem verwunschenen Haus mit seinem markanten Turm nähert, fühlt sich unwillkürlich bemüht, die Ruhe nicht zu durchbrechen. Wuchernde Sträucher und Hecken scheinen das Gebäude abschirmen zu wollen. Selbst auf der steinernen Freitreppe haben sich Birken ihren Weg durch die Stufen gebahnt. In früheren Zeiten sprach man diesen Bäumen eine schützende Funktion zu. Hier jedoch behüten sie keine schlafenden Märchengestalten. Keine der armen Seelen, die einst hierhergebracht wurden, hätte noch von einem Prinzen wachgeküsst werden können.

Mit Urne auf dem Turm: Früheres Krematorium

Das ehemalige Krematorium in Dessau mit dem Urnenfriedhof in unmittelbarer Nähe zählte einst zu den modernsten Anlagen für Feuerbestattungen in ganz Europa. Der Grundstein für das Gebäude des Architekten William Müller wurde 1909 gelegt, und im Mai des darauffolgenden Jahres wurde es bereits eingeweiht. Rund 110000 Reichsmark soll das Krematorium inklusive Ofenanlage, Versenkungsapparat, Einfriedung und Inneneinrichtung gekostet haben.

Insbesondere die Trauer-

DESS
KID
DES
SAU
KIDS

Heruntergekommen: Decke aus Holz

halle strahlt noch das Flair der wilhelminischen Zeit aus. Leider ist die Decke stark angegriffen, Teile der Holzverkleidung hängen herab, als könnten sie sich nicht so recht entscheiden, wann sie endlich gänzlich herunterfallen sollen. Einige Lampen vermitteln den Eindruck, noch aus der Entstehungszeit des Krematoriums zu stammen. Dasselbe gilt für die Empore. Ihr gegenüber zeichnen sich inmitten eines geschwungenen Rahmens die Umrisse eines Kreuzes ab, das offenbar aus dem Portal entfernt wurde. Auch von der Versenkungsanlage im Boden sind nur noch Reste vorhanden. Von hier wurden die Särge wohl in früheren Zeiten in den Einäscherungstrakt hinabgelassen.

Was heute so alt aussieht, war einst eine revolutionäre Neuheit. In der Gründerzeit ließen Prosperität, technischer und medizinischer Fortschritt die Städte rasant wachsen. Dadurch wurden die Plätze auf den Friedhöfen knapp. Die Diskussion über Feuerbestattungen, die Jacob Grimm bereits 1849 angestoßen hatte – er propagierte das »Verbrennen« als einen »Fortschritt geistiger Volksbildung« –, nahm Fahrt auf. Die Ärzte führten die Hygiene ins Feld, die Sozialdemokraten die günstigen Kosten, und die Freidenker wollten die christlichen Traditionen überwinden.

Vorige Doppelseite: Von der Trauerhalle wurden die Särge hinabgelassen

1874 fand die erste Feuerbestattung im Deutschen Reich statt, 1878 nahm in Gotha das erste Krematorium auf deutschem Boden seinen Betrieb auf – aufgrund der Genehmigung des liberal gesinnten Herzogs Ernst II. von Sachsen-Coburg und Gotha.

Im Herzogtum Anhalt dauerte die Entwicklung etwas länger. In dessen Hauptstadt Dessau gründete sich 1901 ein Verein, der sich für die Legalisierung der Feuerbestattung einsetzte. Von da an sollten bis zur Verabschiedung eines entsprechenden Gesetzes durch den Anhaltischen Landtag noch fünf Jahre ins Land gehen – und weitere vier, bis das Krematorium endlich seine Arbeit aufnahm. Die erfolgte unter strengen Auflagen. So musste eine zu Lebzeiten unterzeichnete Einwilligungserklärung vorliegen. Vor der Einäscherung musste eine Leichenschau erfolgen, um auszuschließen, dass der Tod die Folge eines Verbrechens war. Zudem hatte die Polizei einen Leichenpass auszustellen. Für

Gruselig: Schalthebel und Einfuhrwagen

Wecken unliebsame Assoziationen: Anlagen im Einäscherungstrakt

Verstorbene im Kindesalter blieb diese Art der Bestattung zunächst gänzlich untersagt.

Im Untergeschoss des Dessauer Krematoriums sind die technischen Anlagen teilweise noch zu sehen. Inmitten einer der Räume liegt der metallene Einfuhrwagen, mit dem die Leichname in die Verbrennungsöfen transportiert wurden. Offenbar wurde er einst auf einem Schienendrehkreuz zu den einzelnen Brennkammern bewegt. Ungebetene Besucher dürften den Wagen aus den Gleisen gehoben haben – so wie sich hier allenthalben Spuren von Vandalismus finden. Bretter und Unrat liegen herum. In der Nähe einer der beiden Öfen verstaubt ein alter Handschuh. Das riesige Stück scheint hitzebeständig zu sein. Was mit diesem Handschuh wohl alles angefasst wurde?

Zwei wuchtige Türen führen am Ende der Gleise in die Öfen. Auf deren Rückseite finden sich noch recht gut erhaltene Schalthebel zur Steuerung der Anlage. Sie zeigen die Aufschriften »Ascherost«, »Drehplatte« und »Muffel«. Als Muffel wird noch heute die Hauptbrennkammer eines Krematoriums bezeichnet, in der Sarg und Leichnam einge-

Rechte Seite: An der Rückseite eines der Öfen finden sich Aschereste

Friedhofsruhe: Dessaus altes Krematorium

äschert werden. Ein Schauer überkommt den Besucher bei dem Gedanken, dass während der Betriebszeit des Krematoriums die leiblichen Überreste von 100000 Verstorbenen hier verbrannt worden sein sollen.

Die meisten Arbeitsgeräte wie etwa ein Ascheblech und eine Schaufel, die vor einer Ofenklappe herumliegen, haben bereits Rost angesetzt. Die Werkzeuge zeigen, dass die Brennkammern im alten Dessauer Krematorium schon seit Längerem nicht mehr in Betrieb sind. Bereits in den 1980er-Jahren wurde die Trauerhalle geschlossen, im darauffolgenden Jahrzehnt kam das Ende für das Krematorium.

Das Gebäude versinkt seitdem in der Ruhe eines traditionsreichen Friedhofsareals. Anders als das Krematorium ist das Boelcke-Denkmal auf dem Ehrenfriedhof in der Nachbarschaft vorbildlich gepflegt. Das von dem Bildhauer Albin Müller-Darmstadt im expressionistischen Stil geschaffene Monument aus dem Jahr 1921 erinnert an den im Ersten Weltkrieg gefallenen Jagdflieger und Lufttaktik-Pionier Oswald Boelcke. Nicht weit entfernt dämmert das aufgegebene Krematorium vor sich hin. Mit seiner kupfernen Urne auf der Turmspitze steht es unter Denkmalschutz. Vielleicht wird das Gebäude irgendwann doch noch aus seinem Dornröschenschlaf geweckt und bekommt dieselbe Zuwendung wie das Fliegerdenkmal.

US

Die avantgardistische Herberge am Kuhkopf

Ferienheim Fritz Heckert in Gernrode

Es war ein Wahrzeichen der jungen DDR. Ein Wahrzeichen, das für eine neue Zeit stand. Eine Zeit, in der die Belange der Arbeiter wieder ernst genommen werden sollten. Und eine Zeit, die auch architektonisch an die Zeit der Weimarer Republik anknüpfte, an das, was unter dem nationalsozialistischen Regime verfemt gewesen war: die klassische Moderne. Allein schon seine mit großer Geste entworfene Form machte das FDGB-Ferienheim Fritz Heckert zum Prestigeprojekt. Der Stolz der DDR auf den markanten Bau war so groß, dass die Post ihm 1959 sogar eine eigene Sondermarke widmete.

Die Form des Baus ist bis heute unverändert: ein langer Kubus mit hohen Fenstern, ein sanft geschwungener Bettentrakt – und natürlich der runde Vorbau mit den umlaufenden Balkonen. Ein Gebäude, das noch

Klassische Moderne: FDGB-Ferienheim im Norden des Harzes

CREW

immer so avantgardistisch wirkt, dass man es eher in einer Großstadt vermuten würde oder in einem mondänen Badeort, der in den 1920er-Jahren seine Blüte erlebte, nicht aber an dem ruhigen Hang eines Mittelgebirgshügels, dessen Name bereits tiefste Ländlichkeit signalisiert: auf dem Kuhkopf südlich von Gernrode, heute ein Ortsteil von Quedlinburg.

Von dem Ferienheim, das einst der Stolz der DDR-Einheitsgewerkschaft war, ist nicht mehr viel übrig geblieben. Die Fenster fehlen heute ebenso wie die Türen, von der Innenausstattung ist auch nichts mehr zu sehen, von Möbeln ganz zu schweigen. Nur die geschwungenen Treppenbrüstungen aus Beton lassen noch ein bisschen von der einstigen Atmosphäre erahnen. Das Gebäude ist geplündert, gefleddert und entkernt. Das Auge findet nur an ein paar Graffiti an den vernarbten Wänden Halt. Die zeigen, dass es hier noch gelegentliche Gäste gibt – allerdings keine, die auf den Urlauberlisten des FDGB, des Freien Deutschen Gewerkschaftsbundes, standen.

Spuren einstiger Eleganz: Treppenhaus

Der ostdeutsche Staat nahm die Entspannungsbedürfnisse seiner Bürger durchaus ernst. Immerhin kannte die DDR-Verfassung ein »Recht auf Erholung« und einen Anspruch »auf jährlichen Urlaub gegen Entgelt«. Freilich war der nur auf stark reglementierten Bahnen einzulösen. Denn private Hotels und Pensionen waren nahezu nicht existent. Ein Drittel der Urlaube wurde durch betriebliche Einrichtungen abgewickelt – doch natürlich war es nicht jedermanns Sache, auch noch die schönsten Wochen des Jahres im Kreise der Kollegen zu verbringen. Alternative Anbieter waren lediglich staatliche Campingplätze, das faktisch von der Stasi kontrollierte »Reisebüro der DDR«, das Urlaube in den sozialistischen Bruderstaaten vermittelte, das Reisebüro »Jugendtourist«, dessen

Vorige Doppelseite: Das Heim wurde schon vor Jahren komplett entkernt

Angebot sich an Menschen unter 27 Jahren mit geringen Ansprüchen an den Reisekomfort richteten, und eben der FDGB.

Der Bestand von FDGB-Heimen wurde bis zum Ende der DDR kontinuierlich ausgebaut – knapp 700 waren es Ende der 1980er-Jahre. Die Hürde, einen Platz in einem von ihnen zu ergattern, war dennoch hoch. Die erste Bedingung, nämlich FDGB-Mitglieder zu sein, erfüllte zwar nahezu jeder Werktätige in der DDR. Aber für jeden Betrieb gab es nur ein begrenztes Kontingent an »Ferienschecks«, über dessen Vergabe gewerkschaftseigene »Feriendienstkommissionen« entschieden. Diese hatten Faktoren wie gewerkschaftliches Engagement, Schwere der Arbeit oder Anzahl der Kinder zu berücksichtigen. Dass dennoch so manche Entscheidung für den Urlaubssuchenden nicht nachvollziehbar war, überrascht nicht. Auch dass viele als Ostseeurlaub beantragte Reisen zu guter Letzt in den Harz oder das Erzgebirge führten, gehörte zu den Tücken des Systems. Doch egal, wohin die Reise ging – sie war immerhin preisgünstig. Lediglich rund ein Drittel der tatsächlichen Reisekosten wurde auf die Urlauber umgelegt. Mitte der 1960er-Jahre konnte man für knapp 100 Mark eine Woche Vollpension in einem FDGB-Ferienheim genießen.

Die ersten Ferienschecks wurden 1954 in Gernrode eingelöst. Zwei Jahre war an dem aufwendigen Bauwerk gearbeitet worden – dem ersten Ferienheim in der DDR, das eigens für diesen Zweck errichtet wurde. Zuvor hatte der FDGB lediglich verstaatlichte Einrichtungen aus Vorkriegszeiten betrieben. Diverse Grandhotels aus dem Kaiserreich erlebten so eine unerwartete Nachnutzung unter volkseigener Regie und mit etwas anderem Publikum. In Gernrode freilich erinnerten keine

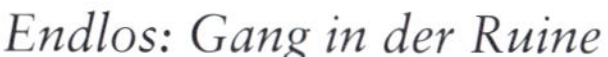

Endlos: Gang in der Ruine

Urlaubskomfort: Balkons waren Standard

bourgeoisen Stuckdecken an die verschmähte wilhelminische Zeit. Hier sollte modernes Design und solider Komfort die bis zu 147 Gäste verwöhnen: Fließend Wasser in allen Zimmern, Dusch- und Wannenbäder, Klubräume, eine zentrale Ölheizung für die grimmigen Harzer Winter, ein Billardzimmer und ein Fernsehraum zählten zur Ausstattung. Sachlich, modern und dennoch elegant war der Bau. Und majestätisch thront er bis heute am Hang, mit unverbaubarem Blick.

Als Namensgeber diente Fritz Heckert, Mitbegründer des Spartakusbundes und Komintern-Funktionär. Ein weiteres nach Heckert benanntes Objekt aus dem Portfolio des FDGB-Feriendienstes stand auf der Liste der Begehrlichkeiten übrigens noch viel weiter oben: ein 1961 in Dienst gestelltes Urlauberschiff. In dessen Genuss kamen freilich nur ganz besonders zuverlässige Genossen.

Das Gernroder Heim überlebte die DDR nur um wenige Wochen: Schon 1990 wurde es geschlossen. Ein nachträglich angebautes Gästehaus mit Restaurant wurde bereits kurz danach abgerissen. Das Hauptgebäude wurde vom Land Sachsen-Anhalt 1993 auf die Denkmalliste gesetzt. Seither hofft die Stadt Quedlinburg, das Objekt vermarkten zu können – bisher vergeblich.

Wenn es Abend wird am Kuhkopf, taucht die untergehende Sonne das ausgeweidete Heim in rötliches Licht. In den endlosen Gängen wirft sie lange Schatten. Wer als Durchreisender das Haus auserkundet hat, sucht jetzt ein Nachtquartier – ganz ohne Feriendienstkommission. *AS*